Michaela Seul

Der wedelnde Buddha

Wer seinem Hund folgt, kommt glücklicher durchs Leben

Mit Daumenkino

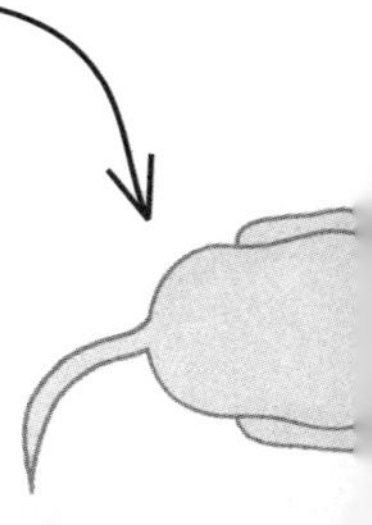

Michaela Seul

Der wedelnde Buddha

Wer seinem Hund folgt, kommt glücklicher durchs Leben

GOLDEGG VERLAG

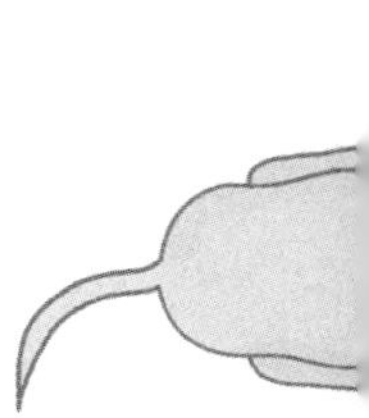

Bildrechte Autorenfoto: Christoph A. Hellhake
Bildrechte Umschlag: buxdesign | Daniela Hofner unter Verwendung eines Motivs von Shutterstock

Der Verlag und seine Autoren sind für Reaktionen, Hinweise oder Meinungen dankbar. Bitte wenden Sie sich diesbezüglich an verlag@goldegg-verlag.com.

Der Goldegg Verlag achtet bei seinen Büchern und Magazinen auf nachhaltiges Produzieren. Goldegg Bücher sind umweltfreundlich produziert und orientieren sich in Materialien, Herstellungsorten, Arbeitsbedingungen und Produktionsformen an den Bedürfnissen von Gesellschaft und Umwelt.

ISBN: 978-3-99060-347-5

Unter den Linden 21 • D-10117 Berlin
Telefon: +49 800 505 43 76-0

Goldegg Verlag GmbH, Österreich
Mommsengasse 4/2 • A-1040 Wien
Telefon: +43 1 505 43 76-0

E-Mail: office@goldegg-verlag.com
www.goldegg-verlag.com

Layout, Satz und Herstellung: Goldegg Verlag GmbH, Wien
Printed in the EU

Heartmood wedelnd zugeneigt:

heiter weiter!

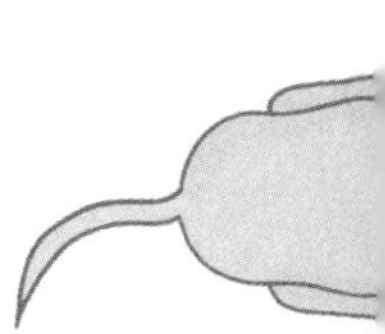

Inhaltsverzeichnis

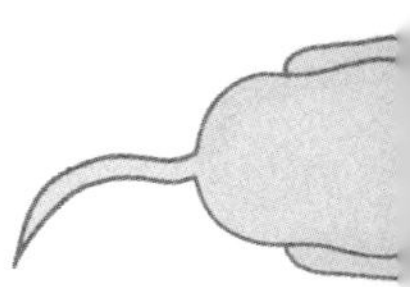

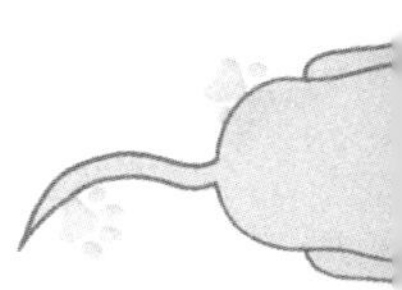

Beschnuppern

Ob Mensch, ob Hund – man will schon Bescheid wissen, mit wem man es zu tun hat. Hunde allerdings wissen viel früher als Menschen, wer einem über den Weg läuft: weil sie es erschnuppern. Und weil sie die Körpersprache lesen wie ein aufgeschlagenes Buch.

Um das Manko zu korrigieren, dass ich nur ein Mensch bin – und Sie, liebe Leserin, lieber Leser, mit höchster Wahrscheinlichkeit auch –, möchte ich mich kurz vorstellen. Zuerst wollte ich das selbst tun, dann habe ich mir überlegt, wie mein Hund mich wohl riecht.

Er heißt übrigens genauso wie der »Held« meiner Hundekrimis: Flipper. Er kam aber erst nach den Krimis auf die Welt und ist dennoch ein erstklassiger Schnüffler! Als solcher könnte er die Buchstabenfährte zu mir folgendermaßen aufnehmen:

Sie ist weiblich und gehört zur Rasse der Wörtermenschen. Ihr Jagdtrieb auf Buchstaben ist ausgeprägt, das sieht man an ihren vielen erlegten Titeln. Über hundert Bücher hat sie geschrieben, darunter einige Leckerbissen – ein paar Bestseller. Am liebsten schreibt sie über Hunde, was gut nachvollziehbar ist. Ohne mich wäre sie zwar

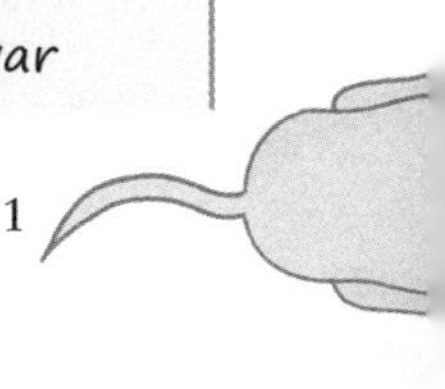

nicht nichts, aber deutlich weniger. Und ihr Leben wär lang nicht so schön!

Da sie von Buchstaben nie genug kriegt, arbeitet sie auch als Ghostwriterin. Je nach Thema finde ich das mal spannend oder zum Gähnen. Trotzdem lasse ich sie nie im Stich und trete jeden Morgen brav meinen Dienst unter ihrem Schreibtisch an. Sonst käme ja nichts Anständiges dabei raus. Denn es ist schon klar, wer ihr die guten Ideen eingibt!

Dass sie nun beim Buddhismus gelandet ist, finde ich zum Wedeln gut. Diese Weltanschauung ist wie für uns Vierbeiner gemacht. Ich sage nur: im Jetzt leben, Achtsamkeit, Friedfertigkeit, Toleranz und Gelassenheit. Und ich habe noch mehr zu sagen und wedle dies in meinen Weisheiten über die Buchseiten – in großer Achtung und Demut vor dem echten Buddha, der auch einige Male zitiert wird.

So, Leute. Das wär's von meiner Seite. Jetzt könnt ihr mal eine Seite umblättern, und ich wünsche euch ein schönes Lesegassi mit mir, mit uns.

Alles in Buddha – Hunde haben immer Zeit

Warum rast die Zeit am Morgen immer so? Das frage ich mich oft. In der Früh ticken die Uhren doppelt so schnell. Ich hatte nur noch fünf Minuten, um meine S-Bahn zu erreichen. Geschwind wollte ich dem Hund Bescheid sagen. Das mache ich immer, auch wenn Flipper vermutlich lange davor weiß, dass er bald sturmfreie Bude haben wird. Die er, das glaube ich zumindest, schlafend abfeiern wird, wozu es im Haus mehrere Möglichkeiten gibt. Aber so ein Hund hat ja auch vier Beine und braucht also mindestens vier Betten. Während ich nur ein Bett und ein Sofa besitze, auf dem Flipper gerade lag. Seine kachelofenwarmen braunen Augen beobachteten mein Hin und Her. Die seidigen Samtohren zuckten, als ich in einem unhöflichen Selbstgespräch mein Handy suchte. Wodurch es sich nicht materialisierte, im Gegenteil, die Hektik trübte meine Sicht. Viereinhalb Minuten. Flipper atmete einmal tief durch und drehte den Kopf weg von mir. Offensichtlich störte ich seine Ruhe, der er sich nun nach einem ausgiebigen Spaziergang und Frühstück gern hingegeben hätte. Während ich meine hingegeben hatte, denn als das Handy gefunden war, vermisste ich meinen Geldbeutel. Vier Minuten.

Flipper und ich sind schon lang ein Team, deswegen brauchte ich nicht mal ansatzweise versuchen, ihn über

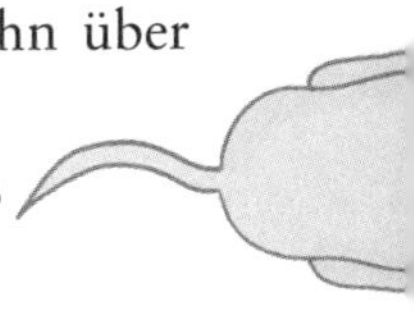

meine Absicht, das Haus zu verlassen, zu täuschen. Viele Hunde schätzen es gar nicht, allein zu bleiben. Flipper machte das schon als Welpe nichts aus. Sobald seine Bedürfnisse erfüllt waren, zog er sich zurück und ruhte. Das brachte ihm auch den Spitznamen »kleiner Buddha« ein. Klein war er nicht geblieben, Buddha allerdings schon. Somit wollte ich ihn nicht bei seiner Morgenmeditation stören. Dreieinhalb Minuten.

Das Handy lag in der Küche auf dem Platz, wo es immer liegt, und daneben der Geldbeutel. Den Autoschlüssel fand ich immerhin auf Anhieb, allerdings mit ein wenig Bedauern. Denn ganz ehrlich: Tief in mir drin hatte ich überhaupt keine Lust auf diesen Vormittag in der Stadt. Aus einer Laune heraus hatte ich zu schnell Ja zu einem Projekt gesagt, das ich bei gründlichem Nachdenken gar nicht annehmen wollte. Aber wenn ich Ja gesagt habe, dann gilt das. Ich bin zuverlässig wie ein treuer Hund.

Ich betrat das Wohnzimmer, bremste meinen eiligen Schritt, versuchte, locker und lässig zu sein, so als würde ich höchstens mal ums Haus laufen. Kurioserweise merkte ich, dass dieses So-tun-als-ob mich wirklich runterbrachte. Meine Hektik brach schlichtweg zusammen beim Anblick dieses auf dem Sofa fläzenden Hundes. »Eigentlich will ich gar nicht weg«, gestand ich ihm. Darauf reagierte er natürlich nicht. Was meiner Meinung nach weniger daran liegt, dass er angeblich der Menschensprache nicht mächtig ist. Sondern daran, dass es darauf nichts zu erwidern gibt.

Wenn du nicht wegwillst, warum gehst du dann? Wenn du etwas partout nicht tun willst, dann lass es doch.

Ich versuchte eine Rechtfertigung: »Eine muss schließlich das Hundefutter verdienen.« Dieses Argument verursachte nicht einmal ein Flankenzucken. Hunde kennen die Tricks ihrer Menschen. Flipper roch natürlich, dass die Vorratskammer gefüllt war, erst gestern war eine Lieferung gekommen.

Ohne sich auf dem Sofa zu bewegen, beobachtete er mein hektisches Hin und Her. Es kam mir vor, als würden seine Augen tief in mich hineinschauen. Als würden sie etwas sehen, was ich selbst in diesem Moment nicht wahrhaben wollte. Dieser Blick war keine Antwort, eher eine Aufforderung, doch für so was hatte ich jetzt keine Zeit. Drei Minuten.

»Ich muss jetzt wirklich los«, teilte ich ihm mit, als hätte er mich aufgehalten. Doch das hatte er ja nicht.

»Ich bin bald wieder da«, versprach ich ihm, dem das vermutlich egal war, solange ich im Rahmen seiner Napfzeit blieb. Aber mir war es nicht egal. Ich wollte am liebsten sofort wieder da sein. Also da, wo ich jetzt gerade war. In meinem Zuhause. Dennoch würde ich es verlassen. Gegen meinen Willen, weil ich irgendwann mal Ja statt Nein gesagt hatte. Und weil es mir wichtig ist, dass man sich auf mein Wort verlassen kann. »Und wer weiß«, erklärte ich mir selbst zu Flipper gewandt, »vielleicht wird es ja ganz toll, und nachher bin ich froh, dass ich hingegangen bin.« Flipper hob die Augenbrauen und schaute mich von unten herauf mit einem dieser Zum-Dahinschmelzen-Blicke an. Um sie zu werfen, ja so will ich es nennen, denn der Blick wirkt wie ein Lasso, das mich einfängt und einen unbezwingbaren Streichelreflex in mir auslöst, ist Hunden in den Jahrtausenden des Zusammenlebens mit Menschen ein Extramuskel gewachsen, der Augenbrauenheber. Und ich würde schwören, Flipper weiß genau, wann er diese Waffe zücken sollte. Zwei Minuten.

Ich hatte meine Siebensachen beieinander. Ich konnte es mir leisten. Wenigstens einmal kurz: Sanft berührte ich das geschmeidig seidige Flipperfell. Als wüchsen darunter Saugnäpfe, konnten meine Hände nicht mehr weg. Und sie wurden immer größer und lebendiger auf dem warmen Hundeleib. In diesem Moment gab es auf der ganzen Welt keinen besseren Ort für mich als mit Flipper auf dem Sofa. Ich beugte mich zu seinem Nacken, der – wirklich erstaunlich – nicht hundelte, sondern duftete. Aber vielleicht war es auch die Liebe, die meine Nase einlullte, meine Brust so weich und weit machte, die Schultern entspannte. Die Flipperrute klopfte auf ein Sofakissen. Mein Herz antwortete. Wir atmeten in einem Rhythmus, unsere Herzen schlugen in einem Takt. Eine Minute.

Zeitlöcher

Dann fiel ich in ein Zeitloch. Diese Dinger liegen um einen Hund herum wie Stolperfallen. Und das ist ganz wunderbar, allerdings immer erst danach, wenn ich wieder zur Vernunft gekommen bin, was bedeutet: wenn ich sie fahren gelassen habe. Wie in diesem Fall meine S-Bahn. Als es vom Kirchturm zehn schlug, wusste ich, dass ich mich nicht mehr beeilen brauchte. Die Bahn war futsch. Also dann eben mit der nächsten. Ich würde fünf Minuten zu spät zu meinem Termin kommen. War das schlimm? Nun, es war mir unangenehm, weil ich »eigentlich« immer pünktlich bin, außer eine Augenbraue hebelt mich aus. Aber dafür konnte ich das Haus nun streichelsatt verlassen und in einem legalen Tempo zum Park & Ride an der S-Bahn gelangen. Auf dem Bahnsteig standen überraschend viele Menschen und sie wirkten alles andere als ausgeglichen: extrem genervt. Ich erfuhr, dass meine ursprüngliche S-Bahn ausgefallen war. Da konnte ich nicht anders. Mitten auf dem Bahnsteig begann ich zu lachen. Irritiert musterte man mich, vermutlich weil ich kein Handy in der Hand hielt, so wie viele andere, die wiederum anderen mitteilten, was allseits bekannt war: Die S-Bahn hatte Verspätung.

Flipper, du hast wie immer recht gehabt, dachte ich. Wäre ich bloß bei dir geblieben! Hätte ich doch auf mein Herz gehört! Ob ich auf mein Herz oder auf meinen Hund

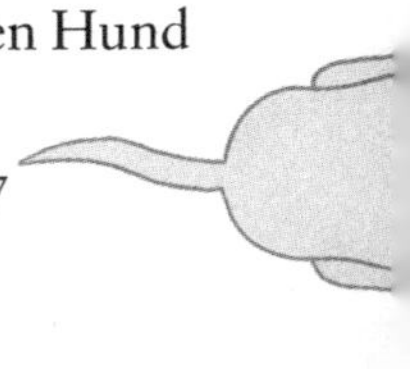

höre, ist das Gleiche. Ein Mann nickte mir freundlich zu. »Schrecklich, diese S-Bahn! Da kann man wirklich nur lachen oder weinen!«

»Ich hätte noch viel länger streicheln können«, dachte ich laut.

»Ja, die streiken wahrscheinlich«, sagte jemand.

Das hätte ich besser auch getan, vorhin auf dem Sofa. Aufforderungen dazu hatte es genug gegeben, sogar mit Hebelwirkung durch Augenbraue. Aber, aber, aber: Wer A sagt, muss auch B sagen. Ich würde diese selbst eingebrockte Suppe brav auslöffeln. Und beim nächsten Mal würde ich besser aufpassen, welche Brocken ich in meiner Lebenssuppe köchelte. Appetitliche Häppchen oder Felsbrocken, die jahrzehntelang zum Garen brauchen. Es ist nämlich nicht so, dass man keinen Einfluss darauf hat, was im eigenen Topf köchelt. Lieber würze ich meine Suppe mit wohlbekömmlicher Lebensfreude als mit schwer verdaulichem Verdruss. Und weil mir selbst dazu manchmal der richtige Riecher fehlt, habe ich einen Hund als Vorkoster an meiner Seite. Der weiß ganz genau, was gut für mich ist.

Lichtleinen

In der überfüllten S-Bahn ergatterte ich wider Erwarten einen Sitzplatz – neben einem Mann mit Hund. Offenbar gab es keine Fahrgäste im Waggon, die mit Hunden vertraut waren. Stattdessen hegten und pflegten sie ihre Vorurteile: Günstigstenfalls schlabbert er dich nur an, schlimmstenfalls beißt er dich. Der Schäferhund-Mix saß manierlich mit hoch aufgerichteten Ohren und beobachtete das Geschehen. Als ich mich setzte, zog sein Herrchen ihn ein Stück näher zu sich. Mit einem Lächeln zum Hund signalisierte ich dem Herrchen, dass der Hund mich nicht störte. Die S-Bahn fuhr an, der Hund legte sich nieder, eine Pfote an meinem Schuh. Herrchen korrigierte nicht, das gefiel mir. Alles schön friedlich. Immer wieder wechselten Herr und Hund in einem stummen Zwiegespräch einen Blick. Alles okay bei dir? Bald sind wir da. Schön brav liegen bleiben. Alles ist gut. Der Hund seufzte tief und schloss die Augen. Eine unsichtbare Leine schwang vertrauensvoll zwischen den beiden. Vielleicht war ich ein bisschen verrückt, aber manchmal glaubte ich, ein goldenes Band aufblitzen zu sehen, vom Herzen des Hundes zum Herzen seines Menschen.

Auch zwischen meinen übernächsten Sitznachbarn, Mutter und Kind, konnte ich das goldene Band zwischen ihren Herzen erkennen. Ich schloss die Augen wie zuvor der seufzende Hund. Die Lichtleine blieb, zerfaserte in Dutzende andere, die den Waggon durchblitzten. Und

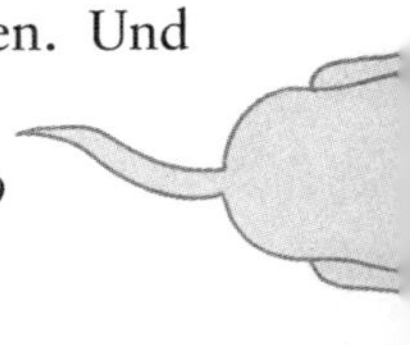

nicht nur den Waggon, sie flirrten überall durch die Luft, auch draußen vor den Fenstern, von Menschen zu Menschen, die sich nicht kannten, von Menschen zu Vögeln, allen Tieren, Pflanzen – alles war miteinander verbunden. War ich eingeschlafen? Oder so wach wie niemals zuvor? Seit Flipper in mein Leben gepurzelt war, hatte sich vieles verändert.

Der wahre Buddha

Deinen Weg findest du nicht im Himmel.
Du findest ihn im Herzen.

Wie vom Himmel gefallen – Hunde als Dolmetscher unserer Herzen

Der wedelnde Buddha

Du kannst einem Hund nicht in die Augen schauen
und Nein fühlen.

Nachdem Flippers Vorgänger über die Regenbogenbrücke gegangen war, wollte ich erst mal keinen Hund. Es wäre mir wie Verrat vorgekommen. Allerdings war ich auch gespannt, wie sich das Leben ohne Hund anfühlte. Nun, meine Stimmungen waren wechselhaft. An manchen Tagen unterdrückte ich nur mit Mühe den Impuls, sofort ins Tierheim zu fahren, um dort »nur mal zu schauen«. An anderen, wenig überraschend meistens bei Regen, zählte ich die Vorteile auf, keinen Hund zu haben, wie im Trockenen zu bleiben. Doch ist das wirklich ein Vorteil oder nicht eher Bequemlichkeit? Meine Beine waren die tägliche Bewegung gewöhnt, obwohl ich überzeugt davon war, als Nichthundehalterin niemals auf die Idee zu kommen, spazieren zu gehen. Doch nun gehörte ich auf einmal zu diesen seltsamen Leuten, die ohne Hund durch die Gegend liefen und mich früher gelegentlich erschreckt hatten. Einsam auf Waldwegen: »Was tun die hier?«, hatte

ich mich stets gefragt. Als Unbehundete waren sie mir verdächtig vorgekommen.

Nein, ohne Hund machte das keinen Spaß, so ließ ich es bleiben und redete mir ein, wie toll das jetzt wäre, dass ich viel mehr Zeit hätte. Kein Gassigehen, keine Kraulpausen – ideal, wo ich doch gerade so viel zu tun hatte. Drei Manuskripte sollten fertig werden, da genügte es nicht mehr, mich zweizuteilen. Kurioserweise verfasste ich eines der Bücher für einen buddhistischen Lehrer, der seit Jahrzehnten praktifizierte, aber keine Zeit zum Aufschreiben hatte. Die Weisheitslehre des Buddhismus hat mich schon immer fasziniert und ich freute mich, nun mehr darüber zu lernen. Motiviert von dieser neuen Welt spielte ich sogar mit dem Gedanken, einmal nach Tibet zu reisen oder eine Weile in einem buddhistischen Meditationszentrum zu verbringen. So etwas wird angeboten für »leistungsorientierte Westler«. Und genau so eine war ich und deswegen hatte ich jetzt keine Zeit für einen Hund. Das ist ein Lebewesen, das Aufmerksamkeit braucht, sehr viel Zuwendung, gerade am Anfang, wenn es darum geht, den Grundstein für eine lange, glückliche Beziehung zu legen. So meine Glaubenssätze – die bald völlig über den Haufen geworfen wurden.

Ich habe mich stets gut vorbereitet, wenn ein neuer Gefährte bei mir einziehen sollte. Wie gesagt, was diese Dinge betrifft, bin ich eine typische Deutsche. Pünktlich, ordentlich, zuverlässig, diszipliniert und pflichtbewusst. Und deshalb konnte ich hopplahopp keinen Hund aufnehmen. Das sagte ich auch zu Frau Rita, die im strömenden Regen mit dem Welpen im Arm unangekündigt vor meiner Tür stand. Frau Rita, bekannt auch als Vogelrita, war meine ehemalige Nachbarin und in der Gegend bekannt wie ein bunter Hund als Tierretterin. Ob aus dem Nest gefallene Vögel, Fledermäuse, Hunde, Katzen – sie half, wo sie konnte, auch mit ihrer schmalen Rente. Dafür war der Garten groß, in dem sie auch Gemüse pflanzte. Und mittendrin ein altes Häuschen mit grünen Fensterläden und wildem Wein, der im Herbst feuerrot leuchtete.

Frau Rita war erst einmal bei mir gewesen, deshalb erschrak ich bei ihrem Anblick. War etwas Schlimmes passiert? Und wieso hatte sie keinen Schirm? Immerhin war es unter meinem Vordach trocken. In der Auffahrt parkte ein Taxi, Auto hatte sie keins. Es musste sich also um einen Notfall handeln, denn wir wohnten nun 25 Kilometer auseinander und Frau Rita gab ihr Geld vorzugsweise für Tiernahrung, nicht für Taxifahrten aus. Wenn es hart auf hart kam, aß sie lieber eine Woche nur Kartoffeln, hatte sie mir mal anvertraut. Aber es gab auch ein paar Menschen, die für Frau Rita mitkochten – sie sozusagen fütterten, wie sie die Tiere fütterte. Vor allem an Hunden hing ihr Herz. Die meisten, die sie aufnahm, waren verletzt, krank, alt. Letzteres war sie auch, doch sie wirkte jünger, weil sie von morgens bis abends auf Trab war. Und sie sah auch jünger aus als achtzig, mit ihren bis zu den Hüften baumelnden geflochtenen Zöpfen.

»Der muss zu Ihnen«, sagte sie ohne Einleitung und hielt mir ein Fellbündel entgegen.

Abwehrend hob ich die Hände. Ich war mitten in einem Kapitel, ich fühlte mich überfallen, ich wollte keinen Hund. Wieso hatte sie mich nicht angerufen, das hätten wir doch alles am Telefon klären können, warum machte sie so etwas Verrücktes? Mit dem Taxi zu mir fahren!

»Tut mir leid, ich verreise nächste Woche«, behauptete ich, obwohl das noch gar nicht sicher war. Kaum gesagt,

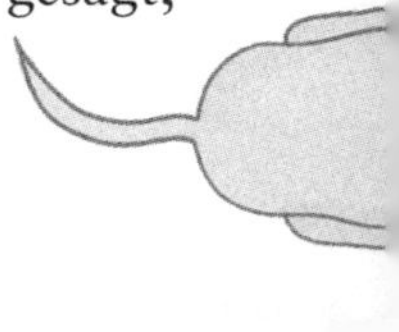

tat mir die Abfuhr leid, denn ich hatte Vogelrita recht gern und freute mich, sie zu sehen. Seit Wochen wollte ich sie besuchen – oder waren es Monate? Ich bedauerte es wieder einmal, dass ich so wenig Zeit hatte für die Dinge, die mir am Herzen lagen.

»Der muss zu Ihnen«, wiederholte sie in einer Hartnäckigkeit, die mir fremd an ihr war.

»Frau Rita«, sagte ich, »kommen Sie doch erst mal rein. Es schüttet ja wie aus Eimern.«

Sie schüttelte den Kopf. »Das Taxi wartet.«

»Ich kann es bezahlen«, sagte ich.

»Ich muss weiter«, sagte sie ungeduldig. So kannte ich sie gar nicht. Ich forschte in ihrem Gesicht, mein Blick rutschte magisch angezogen tiefer. Zum ersten Mal schaute ich den kleinen Hund genauer an. War der echt? Wie ein Stofftier hatte Frau Rita ihn an ihre weiche Brust gebettet.

»Ist er krank?«, fragte ich.

»Kerngesund. Geimpft und gechipt ist er auch. Hat nur gerade den Ranzen voll und muss jetzt verdauen.«

»Aber für so einen Welpen finden Sie doch ganz leicht einen Platz«, wunderte ich mich.

»Er muss zu Ihnen«, wiederholte Frau Rita. »Ich habe ihn Flipper genannt. So heißt doch der Hund in Ihren Hundekrimis.«

Perplex starrte ich sie an. Sollte das ein Köder sein, damit ich alle meine Pläne änderte? So viel Raffinesse hatte ich der alten Dame gar nicht zugetraut. Nein, nicht mit mir! Ich konnte mich jetzt um keinen Hund kümmern. Später, ja, gewiss. Natürlich würde ich wieder mit einem Hund oder mehreren leben. Aber nicht jetzt. Ich hatte drei Manuskripte fertigzustellen und zur Recherche stapelweise Bücher zu lesen.

Der Hund bewegte sich. Ziemlich große Ballen an den Pfoten. Noch keine Kilometer drauf. Alles nigelnagelneu. Der würde groß werden. Der stand am Beginn seines Hundelebens voller Abenteuer in der würzigen Welt.

Mit einer resoluten Bewegung drückte mir Frau Rita den warmen Leib in die Hände. Der Hund ließ es entspannt geschehen, und sein Fell war wirklich so federzartweich, wie es aussah. Und auch ein bisschen nass an einigen Stellen. Schnell und kräftig schlug das kleine Herz. Kurz öffneten sich die Augen, dann öffnete sich der Mund und eine Reihe spitzer Milchzähne erschien, ein bisschen wie bei einem Delfin. Und dann wurde weitergeschlafen. »Lassie« und »Flipper« waren meine Lieblingsserien als Kind. Mein Freund ist Flipper, Flipper, gleich wird er kommen. Jeder kennt ihn. Den klugen Delfin.

»Da hab ich alles aufgeschrieben«, sagte Frau Rita und reichte mir ein Kuvert.

»Bitte kommen Sie doch rein.«

»Ich muss weiter«, sagte sie abermals, und das war sehr ungewöhnlich, denn wenn jemand Zeit hatte, dann die Vogelrita. Dafür hatte ich sie immer bewundert. Obwohl sie unendlich viel zu tun hatte, wirkte sie nie gestresst. Nicht mal im Frühling, wenn ihr Häuschen voller aus dem Nest gefallener Jungvögel war, die sie im Stundenrhythmus mit Mehlwürmern versorgte. Diese großen Gläser mit den ringelnden Würmern waren Anziehungspunkt für viele Kinder, die sie mit spannenden Geschichten über die Wunder der Natur zu begeistern wusste – und insgeheim zu zukünftigen Tierschützern ausbildete. »Ohne Viecherl keine Freude«, hatte sie oft gesagt. Überhaupt hatte ich von dieser alten Frau sehr viel Kluges gehört. Seltsam war sie trotzdem. So siezte sie prinzipiell jeden,

auch wenn man sich Du-nah mit ihr fühlte. Auf meine Frage erklärte sie es mir einmal so: »Das erinnert mich daran, immer wertschätzend und respektvoll zu bleiben, auch wenn ich manchmal aus der Haut fahren möchte.« In der Tat, eine weise Frau. Und immer sehr achtsam im Umgang. Deshalb gab mir ihr Verhalten vor meiner Tür ein Rätsel auf.

»Frau Rita, ich freue mich wirklich sehr, Sie zu sehen, aber das alles ist ein bisschen hopplahopp. Ich überleg es mir, okay? Ich ruf Sie morgen an. Das Taxi können Sie wegschicken, weil ich Sie jetzt heimfahre. Wollen wir es so machen?«, suchte ich eine Lösung.

»Im Kuvert steht alles Wichtige«, wiederholte sie und wandte sich zum Gehen.

Ich merkte, dass ich wütend wurde. Was war denn das für ein Benehmen! Tauchte unangemeldet auf, drückte mir einen Hund in die Hand, als wäre er ein Paket. Reflexartig packten meine Hände den Welpen – wohl ein wenig zu grob, denn er öffnete die Augen und schaute mich an. Wie von weit her sein Blick, den ich nicht erwidern wollte, denn ich wusste, welche Gefahr mir dabei drohte. Du kannst einem Welpen nicht in die Augen schauen und Nein sagen. Magisch zog mich der Blick des Welpen in seinen Bann. Ruhig, gelassen, aufmerksam. Da fiel ich in das erste Zeitloch mit Flipper. Ich schaute ihn an, er schaute mich an, hielt meinen Blick. Ein gutes Zeichen, dachte die Hundekennerin. Vielleicht würde es doch gehen, wünschte sich mein Herz. Nein, es geht nicht, sagte mein Hirn. Aber es ist doch immer gegangen, rief mein Herz. Es ist noch zu früh und zu viel Arbeit, funkte mein Hirn. Wer bist du? Woher kommst du?, wollte mein Herz von dem kleinen Hund wissen. Könnte es gut gehen mit uns? Kann das was werden, wenn man sich nicht vorbereitet, wenn man keinen Plan hat, wenn ein Hund vom Himmel fällt?

Flippers Vorgänger hatte ich zwar nicht auf Herz und Nieren geprüft, aber doch mehrfach gesehen, Zeit mit ihnen verbracht, ehe ich mich entschieden hatte. Bist du der Richtige für mich? Bin ich die Richtige für dich? Kann es mit uns klappen? Können wir zu einem glücklichen Mensch-Hund-Team zusammenwachsen? Denn wenn das nicht möglich ist, wirft es einen Schatten auf das ganze Leben. Es ist wie in jeder Beziehung: Harmonisch leuchtet einem das Lebensglück. Wenn nicht: Kummer und Sorgen. Ich habe einige Bücher mit Hunde-Fachleuten geschrieben und weiß, was für ein Desaster es werden kann, wenn Hund und Mensch nicht miteinander harmonieren. Und dass man da manchmal, auch bei bestem Wissen, Willen und Liebe, wenig dagegen tun kann. Und ich kenne mich. Die Geduld in Person bin ich nicht. Ich bin keine, die einen Hund vom Tierschutz monatelang behutsam eingewöhnt. Ein Hund muss sich gut in meinen Alltag einfügen. Ich brauche inneren Frieden, um gut schreiben zu können. Wenn ich nicht ausgeglichen bin, mangelt es mir an kreativen Ideen. In der Folge werde ich nervös, das merkt ein Hund, wird unsicher und benimmt sich seltsam – so beginnt ein Teufelskreis. Es war also besser für uns beide, wenn ich mir sicher war. Aber wie sollte ich mir bei diesem kleinen Flipper sicher sein? Würde ihm sein zukünftiger Arbeitsplatz unter meinem Schreibtisch als Muse einer Schriftstellerin gefallen oder sah er sich eher als Handwerker im holzverarbeitenden Gewerbe, sprich als Stockkauer? Oder im Transportgewerbe als Apportierer? Oder als Fachkraft in der Abfallwirtschaft? Wer seinen Fähigkeiten nach eingesetzt wird, fühlt sich glücklicher im Leben.

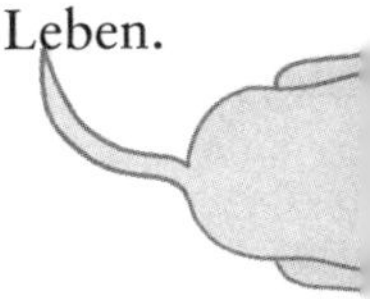

Und wer glücklich ist, macht auch andere froh. Schaffte er Autofahrten, ohne sich zu übergeben, würde er viel bellen, hatte er Angst vor Gewitter, vertrug er sich mit Katzen und Kindern, konnte er mal zwei, drei Stunden allein bleiben, ohne das Mobiliar zu schreddern? ... Viele Fragen, keine Antworten. Welche Gene steckten in ihm? Wollte er sein Rudel als Hütehund immer schön beisammenhalten? Und wehe, einer tanzte aus der Reihe. Oder als Herdenschutzhund aufpassen, dass keiner geklaut wurde? Oder sich als Jagdhund um die Speisekarte kümmern?

Nun, heute weiß ich: Ein kleiner Buddha steckte drin.

Leckerlis

Aber war es trotz allem nicht noch zu früh für mich? So richtig vorüber war meine Trauerzeit noch nicht, ja vielleicht hatte ich mich genau deshalb mit Arbeit zugeschüttet. Doch kein Hund in den ewigen Jagdgründen würde es befürworten, wenn sein ehemaliges Frauchen ihr Herz verbarrikadierte vor einem Artgenossen in Not. Denn das war er doch, der kleine Hundling, sonst hätte die Vogelrita ihn mir nicht gebracht.

Oder war nicht vielmehr ich selbst in Not geraten, wenngleich ich es vor mir verheimlichte? Meine Idee mit einem Ausflug zum Runterkommen für Westler sprach Bände, wenngleich von außen betrachtet alles in meinem Leben passte. Ich war gesund, hatte ein schönes Dach über dem Kopf in einer herrlichen Gegend. Als Schriftstellerin arbeitete ich in meinem Traumberuf. Buchstaben ernährten mich und für einen vierbeinigen Gefährten gab es bei mir allemal mehr als ein paar vom Tisch gefallene Vokale. Ich könnte ihm schmackhafte Konsonanten servieren, sogar Umlaute, und wenn er ihn vertrug, gelegentlich einen saftigen Diphthong, Ochsenziemer, eine Straußensehne oder Rinderhirnhaut. Dass nicht nur ich ihn ernähren würde, sondern er mich nähren würde … ach, in diese Erkenntnis musste ich erst hineinwachsen.

Als ich aus meinem Zeitloch herauskrabbelte, fuhr das Taxi weg, darin die Vogelrita, und ihr Winken sah wie ein

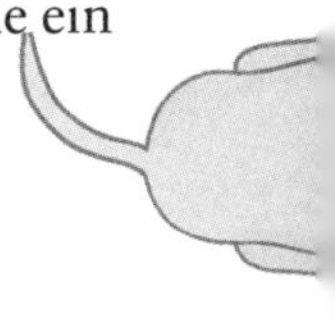

Segen aus. War sie zum Auto geflogen? Wie hatte sie das wieder geschafft? »Jetzt sind wir allein«, sagte ich zu dem Hund und hörte, wie komisch das klang. Wir und allein. »Flipper«, sagte ich. Insgeheim hatte ich immer gewusst, dass mein nächster Hund Flipper heißen würde. Die Vogelrita hatte mich ganz schön ausgetrickst. Ich musste grinsen. »Mal sehen«, sagte ich zu dem Kleinen. »Wenn es nicht passt, dann finde ich einen besseren Platz für dich. Aber lass es uns miteinander versuchen. Denn du kommst ja mit Empfehlung.«

Der letzte Absatz, den ich getippt hatte, ehe Frau Rita aufgetaucht war, fiel mir ein. Es ging darin um Offenheit für unvorhergesehene Dinge, die einem das Leben vor die Füße schmeißt und die sich im Nachhinein als große Geschenke herausstellen. War das hier die praktische Übung für meinen theoretischen Text?

Der wahre Buddha

Ein Augenblick kann einen Tag verändern, ein Tag kann ein Leben verändern und ein Leben kann die ganze Welt verändern.

Herzhunde

Ich musste in kein fernes Land fliegen, um die Stimme meines Herzens zu hören. Um mich daran zu erinnern, was wirklich wichtig in meinem Leben war. Ich konnte mein im Alltag scheinbar in Vergessenheit geratenes Herz auch zu Hause finden, zumal ich nun eine wenn auch kleine, so doch enorm tüchtige Spürnase an meiner Seite hatte. Normalerweise suchen Profischnüffler weniger schöne Dinge: Drogen, Sprengstoff, Geld. Doch Hundefreundinnen und Hundefreunde wissen: Hunde können auch Herzen finden.

Der Vogelrita war es wohl nicht entgangen, dass ich meines in all dem Trubel ein wenig verloren hatte. Doch warum sie mir ausgerechnet Flipper brachte, das sollte ich erst einige Zeit später erfahren. Ich merkte jedenfalls schnell, dass dieser Hund wirklich ein Geschenk für mich war, und er kam genau im rechten Moment. Ohne diesen Anstups hätte ich noch lange, viel zu lange gezögert. Je mehr Zeit verstrichen wäre, desto mehr hätte ich mich vielleicht an ein Leben ohne Hund gewöhnt. Wie heißt es nicht umsonst: Der Mensch ist ein Gewohnheitstier. Am Ende hätte ich es mehr für Verpflichtung als Freude gehalten, mit einem Hund zu leben. Da wäre ich aber gefährlich auf Abwege geraten! Nicht auszudenken, ich hätte Flipper versäumt. Er war das Beste, was mir zu diesem Zeitpunkt passieren konnte. Und das war mir schon am

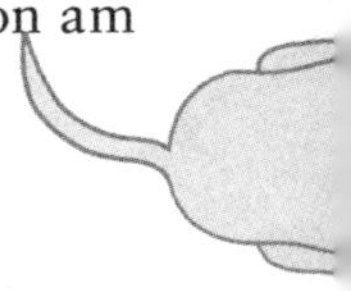

Abend unseres ersten Tages klar, als ich das Haus stellenweise in eine Hundehütte verwandelte. Fast alles hatte ich vorrätig, nur Futter musste ich besorgen. Frau Rita hatte mir ausführlich geschrieben, was der Kleine ihrer Auffassung nach benötigte.

Was seine Herkunft betraf, hielt sie sich jedoch bedeckt: »Ich werde Ihnen beizeiten davon erzählen«, schrieb sie. Das fand ich zuerst ein bisschen komisch. Hatte er ein schweres Schicksal oder war er krank, und die kluge Frau Rita wollte meine Bindung zu ihm festigen, ehe sie mit der Wahrheit herausrückte? Aber so ein Verhalten passte nicht zu der aufrichtigen Tierretterin. Allerdings …, dass sie mit dem Taxi zu mir gefahren war, auch nicht. Ich spielte mit ihrem Brief in meiner Hand und dem Gedanken, sie anzurufen. Dann ließ ich es bleiben. Ich fand Gefallen daran, nichts zu wissen. So würde ich mir auch keine Bilder machen. Ich könnte alle meine Sinne für Flipper öffnen und empfangen: Wer bist du? Genauso halte ich es, wenn ich bei einem Ghostwriting einen Menschen kennenlerne. Ich google ihn nicht. Denn alles, was ich vorher wüsste, lenkte unsere Begegnung in Bahnen und schränkte mich und unsere Beziehung dann auch ein. Letztlich suchte ich dann nur noch nach der Bestätigung, dass jemand so ist, wie ich glaube, dass er sein soll. Und wehe, wenn nicht. Dann wird so lange daran herumgedoktert, bis das Bild wieder stimmt. Aber will ich mit Bildern leben oder mit Menschen und Tieren aus Fleisch und Blut, Seele und Herz …?

Es fasziniert mich immer wieder, wie wir Menschen uns gegenseitig in Schubladen einsortieren. Jeder hat so seine Kommoden, manche haben viele Schubfächer, andere nur wenige. Kaum lernen wir jemanden kennen oder erfahren auch nur etwas von jemandem, wird er schon einsortiert. »Der Dings hat gesagt, dass der Dings ihm die geliehene Säge nicht zurückgebracht hat.« Ich kenne den Dings zwar nicht, lege ihn aber mal in die Schublade für die Unzuverlässigen. Wenn wir uns jemals über den Weg laufen und ich im Archiv nachsehe, was das für einer ist, finde ich ihn in der Schublade der Unzuverlässigen und habe Vorbehalte. Woher sie rühren, habe ich vergessen. Und ich weiß auch nicht, ob das mit der Säge überhaupt stimmt. Dadurch, dass ich den Dings in diese Schublade gelegt habe, habe ich überhaupt nichts gewonnen, im Gegenteil: Ich habe an meiner Wahlfreiheit gesägt – und damit auch an meiner Glücksfähigkeit. Denn Glück besteht im Lebendigsein, im Immer-wieder-neu-entscheiden-Können. Das Leben mit Autopiloten mag überschaubar erscheinen, glitzern tut es nicht. Wobei ich gestehen muss, dass so ein Welpenblick bei mir durchaus einem Knopfdruck auf den Autopiloten gleichkommt. Und der meldet: Ja!

Genauso war es geschehen. Aber ich versuchte, Flipper in keine Schublade zu stecken. Ich stellte ihn einfach vor die Kommode und etikettierte nur das Nötigste: Hundebaby, männlich – und erlaubte mir dann doch eine kleine subjektive Anmerkung: süüüüüüüüüüß!

Am Ende von Frau Ritas Brief stand, dass ich mir eine Woche Zeit nehmen sollte. Ich sollte mich nicht unter Druck gesetzt fühlen, das fand ich lustig, denn genau das hatte sie gemacht. Sie schrieb, sie hätte auch noch eine Alternative, wenn es mit mir und Flipper wider Erwarten nicht klappen würde. Mir wurde heiß und ich spürte, wie dringend ich jetzt schon wollte, dass es klappte. Dass ich den kleinen Kerl nicht mehr hergeben wollte. Obwohl das

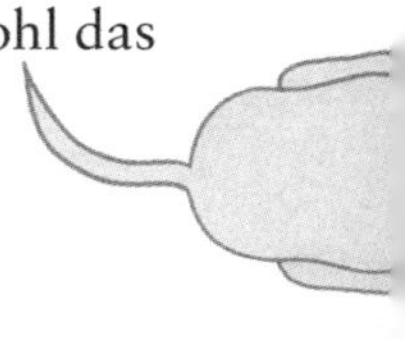

der reine Wahnsinn war. Bei all dem, was ich zu tun hatte, einen Hund eingewöhnen! Wobei sich bald die Frage stellte, wer wen eingewöhnte, doch das ist ein anderes Kapitel.

Nein, zum Hergeben war er viel zu süüüüüüüß. Zum Anbeißen! Zum Knuddeln! Viel zu viel Fell für den kleinen Leib. Überall konnte ich die Speckfalten hochziehen. Der Welpe stand gut im Futter, dennoch fühlte ich die Rippen, so zart, so zerbrechlich wie bei einem Katerchen. Und wie schnell er schnaufte und mal probeweise an meinem Finger knabberte. Als ich einen fiepähnlichen Ton ausstieß, hörte er sofort auf. Er war mit Geschwistern aufgewachsen, also gut sozialisiert, kombinierte ich erleichtert. Er kann Sozialverhalten.

... Und ich? Wie war es um mich bestellt? Vermutlich hatte ich die Vogelrita vier, fünf Monate nicht besucht und es war mir kaum aufgefallen, weil ich ständig so beschäftigt war mit wahnsinnig wichtigen Dingen namens Arbeit. Und wenn das Tagwerk erledigt war, dann wollte ich meine Ruhe. Tolles Leben zwischen Arbeit und Ruhe.

Ja, vieles hatte sich verändert, besonders seit Corona, und nicht nur bei mir. Auch bei anderen waren die To-do-Listen immer länger geworden und die Tage immer kürzer, und hier noch und da noch und dies muss ich noch und jenes. Wie oft hatte ich mich innerlich seufzen hören: Ach, wenn ich doch endlich mal Zeit für mich hätte. Und auch andere um mich herum wünschten sich dies immer dringender und nahmen sich wie ich vor: Nur noch dies und jenes und dann ...

Aber dauernd ploppen neue Notwendigkeiten auf, die schönen weißen Stellen im Kalender füllen sich und wir rödeln weiter, obwohl wir wissen, dass unsere Lebensfreude dabei auf der Strecke bleibt. Und irgendwann haben wir uns daran gewöhnt und wissen gar nicht mehr, wie sie klingt, die Stimme unseres Herzens. Genauso wäre es mir wohl ergangen, wenn mich Frau Rita nicht an die Leine genommen hätte. Sie wusste, was mir fehlte, ein Hund nämlich. Denn in dem steckt alles, was es braucht, um froh zu sein. Hunde sind Dolmetscher unserer Herzen. Ihre Sprache heißt Lebensfreude.

Wedelt der Hund, wedelt das Menschenherz gleich mit. Herzen wollen fühlen, nicht funktionieren. Ein Hund merkt es genau, wenn seinem Menschen das Herz schwer wird. Oder er es verlegt hat, gar mit seinem Handy verwechselt. Die hundlichen Herzsucher stöbern alle verlorenen Herzen auf. Ihre feinen Ohren hören jedes Herzflüstern. Ihre herausragenden Nasen erschnüffeln jede Herzfährte. Ihre Augen erkennen Herzensnöte auch im Dunkeln. Wir folgen dem Hund und ahnen nicht, dass er uns zu unserem Herzen führt.

Will ich damit sagen, dass Hunde weit über uns stehen und die Wahrheit kennen oder die Weisheit mit der Baggerschaufel gefressen haben? Nein. Mittlerweile glaube ich, dass alles überall und in allem ist. In Pflanzen, in Tieren, in Menschen. Mit einem vierbeinigen Gefährten an der Seite fällt es mir leichter, die Fährte zu den Dingen, die mir wirklich wichtig sind, in der Nase zu behalten. Er passt auch auf, dass ich nicht zu viel schleppe. Als Hund hat er keinen Führerschein und ist also daran gewöhnt, nur das zu schultern, was er auch tragen kann. Und das ist nur eine von vielen Weisheiten meines wedelnden Buddhas, die meine Lebensfreude beflügeln. Als ich Ja zu diesem Hund sagte, sagte ich Ja zu mir selbst.

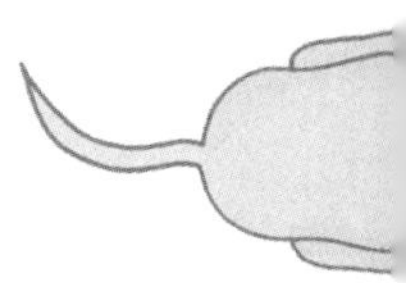

Der wahre Buddha

Tu alles, was du willst, aber nicht, weil du musst.

Glücksstress – Hunde lehren uns Gelassenheit und Mitgefühl

Der wedelnde Buddha

Mach's wie ich, nimm das Leben, wie es kommt.
So ist es und Punkt.

Zu den Stressoren, von denen wir moderne Menschen uns aus der Balance bringen lassen, gehört leider auch der Zwang zum Glücklichsein. Ums Glück ist ein regelrechter Wettbewerb entbrannt. Es ist ein »Must-have« geworden. Wer nicht glücklich ist, ist selbst schuld und ein Versager, so kann es einem schon vorkommen. Glücklich sein wollen wir alle. Von einem Höhepunkt zum nächsten. Alles muss superhammermegatoll sein. Wie anstrengend.

Meine Oma hat auf die Frage, wie es ihr geht, häufig gesagt: »Ich bin zufrieden.« Das fand ich immer schrecklich. Zufrieden klang nach lauwarmem Haferbrei. Ich wollte vom Hafer gestochen werden; alles aus den Vollen, total verliebt, total begeistert, total megasuper. Aber man wird älter. Und klüger. Einige Male habe ich es jetzt schon gesagt: »Ich bin zufrieden.« Und es war gar nicht schlimm, im Gegenteil. Danach war nämlich etwas wirk-

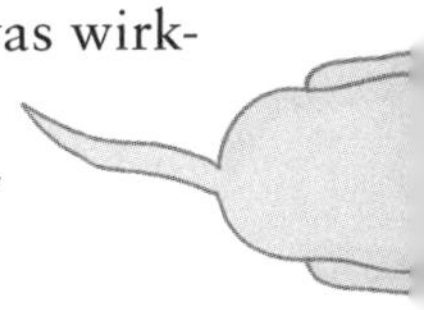

lich Hammerkrasses passiert: Kaum ausgesprochen, spürte ich, dass ich glücklich war!

Auch Flipper ist nicht ständig megaglücklich. Doch wenn er seinen Hobbys nachgeht, wedelt der Propeller, als würde der ganze Hund gleich abheben. Er liebt die Nasenarbeit, konzentriert nach Gegenständen und Menschen zu suchen. Letzteres nennt man Mantrailing. Wird er fündig, wächst er schier über sich hinaus. Die Rute schwingt noch höher, das Gesicht scheint zu grinsen, geflutet von prickelndem Dopamin; der ganze Kerl ein Packerl Selbstbewusstsein. Das könnte er gar nicht ständig aushalten, da würde es ihn zerreißen. Und ständig glücklich zu sein, verträgt sich auch nicht mit dem Menschsein. Dies ist eine zentrale Botschaft des Buddhismus. Die Weisheitslehre, die uns einen faszinierenden und logischen Weg zum Glück aufzeigt, sagt gleichzeitig:

Leben bedeutet Leiden, ganz einfach, weil unser Leben in einem physischen Körper stattfindet. Laut buddhistischer Überzeugung sind wir nicht Menschen, die spirituelle Erfahrungen sammeln, sondern spirituelle Wesen, die die Erfahrung Menschsein machen. Das Leben in unserem physischen Körper bedeutet von Anbeginn an Leid. Mit Schmerz beginnt das Leben, mit Schmerz endet es und dazwischen gibt es auch jede Menge Unannehmlichkeiten, da der Körper ständig etwas braucht: Trinken, Essen, Verdauung, Wärme, Schlaf ... und das sind erst die elementaren Bedürfnisse, da sprechen wir noch nicht vom neusten iPhone, dem Hammer Segelturn und dem Traummann.

Hin und wieder kann er auch wehtun, der Körper. Krankheiten können uns heimsuchen, Befindlichkeitsstörungen der Seele, die Melancholie der Vergänglichkeit, wenn wir älter werden und der Körper anfälliger. So ist das Leben eine ständige Herausforderung … und gleichzeitig eine Quelle großer Freude. Was für ein Paradox! Ja, so ist das Leben.

Deshalb bringt es nichts, pausenlos über Dinge nachzudenken, die vorbei sind oder auf die wir keinen Einfluss haben. Einem Hund würde so etwas niemals einfallen:

Warum sind wir heute viel kürzer Gassi gegangen als gestern? Warum ist es so verdammt heiß draußen? Wieso kann ich nicht direkt am See wohnen? Warum hat der Nachbarhund ein viel größeres Revier?

Und so weiter. Ein Hund nimmt, was kommt. So ist es und Punkt. Als Zweibeinerin neige ich dazu, an dem mir zugeteilten Knochen Leben herumzunagen. Es hätte doch auch anders sein können. Warum ist das aber nicht so? Warum war es nicht so? Warum habe ich nicht dies und jenes? Und so weiter. Nun, solange es sich um Dinge handelt, mag das noch harmlos sein. Doch oft betrifft die Veränderungsabsicht Menschen. Warum macht der das? Warum sagt die das? Oder gleich die volle Ladung: Warum ist der so?

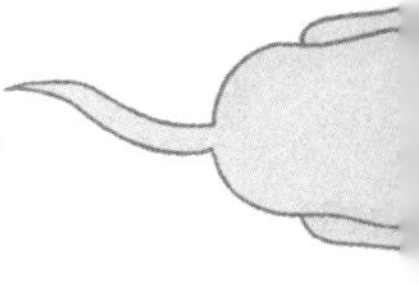

Na, weil er halt so ist.

Und wenn ich das nicht akzeptieren will, dann habe leider ich das Problem und nicht der andere, weil der halt so ist, wie er ist.

Will ich so bleiben, wie ich bin, und ein Problem damit haben, dass er so ist, wie er ist? Oder könnte ich mal so tun, als wäre ich ein Hund und ihn einfach sein lassen?

Habe ich Flipper jemals sagen hören – nein, natürlich nicht, aber mal angenommen:

So ein Pech aber auch, dass ich ausgerechnet zu diesem Frauchen gekommen bin. Meine Güte, eine Schriftstellerin. Die Arschkarte. Warum konnte ich nicht bei einer Metzgerin landen? Wie gut es da riechen würde! Und wie mich alle beneiden würden! Ho, ho der Flipper hat es nach ganz weit oben geschafft. Mit eigenem Schlachthaus sogar. Da fällt allerhand ab. Und bei mir? Magere Buchstabensuppe. Hin und wieder trudelt eine dünn geschnittene Scheibe Papier auf den Boden und dann stinkt alles nach Druckerschwärze. Es ist ein Trauerspiel. Und dann soll ich noch ständig unter dem Schreibtisch liegen und Muse spielen. Oder ich muss mir anhören, was sie getippt hat, weil sie das ja zu allem Überfluss gelegentlich auch noch vorliest. Leute: Leben ist Leiden!

Der große Buddha

Der wedelnde Buddha

Du und ich. Wir.
Hell leuchtet unser Glück.

Buddhismus ist in. Und auch out, wie man in Gärten sehen kann, wo Buddhafiguren die Gartenzwerge verdrängt haben. Für manche mögen Buddhas einfach schöne Deko sein, für andere sind sie eine stete Erinnerung an das, was wirklich wichtig im Leben ist. Buddhas Botschaft ist zeitlos, weil sie sich mit den wesentlichen Fragen des Lebens beschäftigt. Eine davon betrifft das Glück. Jeder wünscht es sich, doch wir wissen, dass ein glückliches Leben die Ausnahme ist – zumindest dauerhaft. Ist das überhaupt möglich? Buddha bejahte dies und lehrte, was zu tun ist, um das Glück dauerhaft zu erfahren.

Siddhartha Gautama, so sein Name, lebte vor etwa 2500 Jahren als Königssohn. Sein Vater wollte dem Prinzen eine unbeschwerte sorgenfreie Kindheit ermöglichen und überhäufte ihn mit Geschenken. Alles Negative sollte von ihm ferngehalten werden. So ließ der König ausschließlich junge und gesunde Menschen in Siddharthas Nähe. Dieser wollte jedoch auch das Leben jenseits der Palastmauern kennenlernen. Sein Vater erfüllte ihm den Wunsch, ließ zuvor die Straßen schmücken

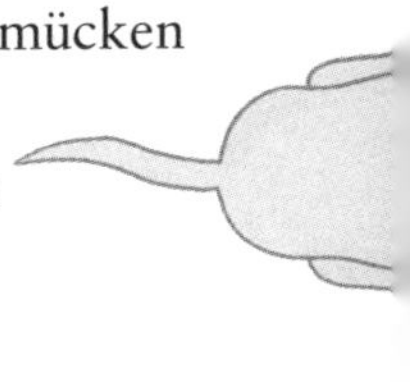

und veranlasste, dass sie von gut aussehenden jungen und gesunden Menschen gesäumt waren.

Dennoch begegnete Siddhartha jenseits der Palastmauern die Realität. Auf mehreren Ausflügen in die Wirklichkeit sah er, dass Menschen krank und alt werden und sterben. Das traf ihn völlig unvorbereitet und er erkannte, dass die Freuden des Lebens vergänglich sind, dass sein Leben im Palast eine einzige Illusion war. Daraufhin fasste er den Entschluss, in die Welt hinauszuziehen, um einen Ausweg aus dem Leid zu finden. Er dachte dabei nicht nur an sich, sondern an alle Lebewesen dieser Welt.

Viele Jahre seines Lebens schloss er sich den in den Wäldern lebenden Asketen an und verbrachte weitere in Meditation, bis er im Alter von etwa 35 unter einem Bodhi-Baum Erleuchtung erfuhr und von nun an durch das Land zog, die Menschen das glückliche Leben zu lehren. Dieses glückliche Leben hat nichts mit Besitz, Gesundheit, Bildung und Reichtum zu tun. Niemandem ist der Weg zum Glück verschlossen. Die Überwindung des Leidens kann jedem Menschen gelingen. Er braucht dazu weder Nonne noch Mönch zu werden, auf seine Familie oder einen Beruf zu verzichten.

Einem Buddhisten gilt als höchstes Ziel, zum Wohle anderer Wesen zu wirken. Also ein Streben, das sich deutlich von unserer überwiegend selbstsüchtigen Gesellschaft unterscheidet, in der es völlig normal geworden ist, vor allem an sich selbst zu denken und vielleicht gerade noch an diejenigen, die man kennt und mag. Laut buddhistischer Überzeugung fördert das jedoch nicht das Glücksempfinden, sondern die Selbstsucht, und führt nicht zum Ziel, sondern trübt den Geist, der sich in Illusionen über das Leben verirrt.

Was unseren Geist hingegen klärt und heilt, ist die Wertschätzung für andere Wesen. Diese Lebenseinstellung führt uns in eine glückliche Existenz. Wir konzentrieren uns also nicht auf uns selbst oder darauf, was wir alles haben müssen, sondern wenden den Blick auf unsere Umgebung. Was brauchen die anderen, damit es ihnen gut geht? Die kleinste Freundlichkeit – und ich glaube, das hat jeder Mensch schon einmal erlebt – kommt als Bumerang zurück. Ein netter Satz zu einem fremden Menschen erfüllt mich mit einem Absatz an Wohlgefühl. Der Sinn unseres Lebens liegt also nicht einfach darin, unsere eigenen Probleme zu lösen und unser eigenes Glück zu finden, sondern im Miteinander. Alle Wesen sollen glücklich sein. Handeln wir zum Wohl von anderen, erfüllt uns das mit Frieden und Freude.

Wahrscheinlich hat jeder von uns einmal eine solche Erfahrung gemacht. Wie weit das Herz wird, wie fein sich das anfühlt, wenn man etwas Gutes tut, frei von Eigennutz, allein zum Wohl eines anderen. Und genau das können wir mit Hunden wie auch Kindern üben. Denn mal ehrlich: Wäre ich selbst begeistert davon, stundenlang einen Legoturm aufzubauen und umzuwerfen? Nein, aber weil meine Nichte sich so freut, gibt es überhaupt nichts Schöneres für mich.

Ich allein für mich hätte auch bessere Ideen, als bei scheußlichem Ostwind an einem Feldrand zu stehen und Flipper zuzusehen, der mit seinem Lieblingsball an der Schnur über das Gras fetzt. Der ganze Hundeleib strahlt Glück aus, und das strahlt auf mich ab, und mir ist überhaupt nicht kalt, obwohl es grauslich ist. Ich freue mich, wenn er ein besonders tolles Stück Holz findet und es stolz herumträgt. Ich freue mich auch, wenn meine Mutter

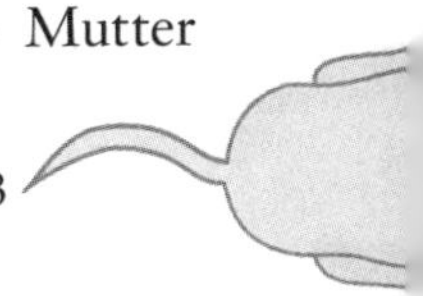

voller Begeisterung Eiskunstlauf anschaut. Wenn meine Freundin so vertieft in ihr Buch ist, dass ich sie dreimal anspreche und sie es nicht hört. Ich freue mich also an der Freude, der Intensität meiner Lieben. Der nächste Schritt wäre, dass ich mich auch an der Freude meiner Nicht-so-Lieben freue. Weil das Wohl aller Menschen eben auch sie einschließt. Uns alle. Ja, das ist komplex und kompliziert, aber im Großen und Ganzen ist es eine wunderbare Lebenseinstellung, sich zu fragen, was man selbst zum Wohle anderer beitragen kann, und es mit einem Hund zu üben.

Mit Flipper und seinen Vorgängern habe ich viel über Toleranz gelernt. Mein Freund zum Beispiel hört gern Musik, die mir schon mal Kopfweh machen kann. Ich sage nur Avantgarde Jazz. Früher konnte ich es mir nicht verkneifen, ihn hin und wieder zu necken: »Stimmen die ihre Instrumente oder spielen die schon?« Heute denke ich an Flipper, den ich ja auch nicht frage, wie man so was Stinkendes wie Igeldreck interessant finden kann. Ui, der Vergleich ist gemein, aber nicht so gemeint. Und nicht, dass ich jetzt Mann und Hund vermischen will, ich will nur sagen, dass mein Leben mit Hunden meine Fähigkeit zur Toleranz geschult hat, und diese kommt auch Zweibeinern zugute. Am Ende auch mir selbst. Tolerant ist das Leben deutlich entspannter – eine Voraussetzung, um glücklich zu sein.

Aber wie erwirbt man sich diese Toleranz? Das ist manchmal nicht so einfach, wenn jemand gegen die eigenen Werte oder Regeln verstößt. Der Universalschlüssel im Buddhismus heißt Mitgefühl, und auch das habe ich in unzähligen Situationen mit Vierbeinern üben können. Wobei ich mich oft fragte, warum mir das Mitgefühl mit einem Tier manchmal leichter fällt als das mit einem Artgenossen. Vielleicht liegt es daran, dass Tiere es nicht erwarten und ihrer Natur nach unsere Schutzbefohlenen sind – von denen wir sehr viel lernen können!

Der wahre Buddha

Alles Glück dieser Welt erwächst aus dem Wunsch,
dass andere glücklich sein mögen.

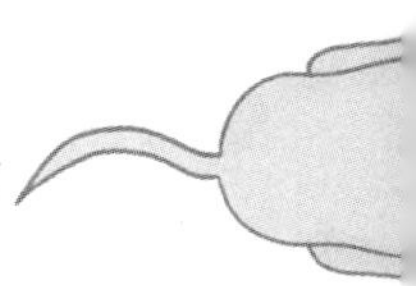

Mit Gefühl im Rehvier

In der Regel läuft Flipper ohne Leine und bleibt immer in Sichtweite. Es gibt viele Rehe in unserem Revier, doch er jagt nicht. Ich glaube, das liegt daran, dass ihm unsere Harmonie wichtig ist. Er weiß, dass ich das nicht möchte, und – vermutlich der entscheidende Grund – er kann seinen Jagdtrieb auf andere Art ausleben: mit Such- und Apportierspielen, die wir mehrmals in der Woche gemeinsam genießen. Aber wir sind ja schon lange ein Team.

Flipper war vielleicht ein Jahr alt, als er im Wald plötzlich verschwunden war. Ich rief, ich pfiff, nichts. Jeder Hundehalter kennt diese demütigende Situation, wenn man am Rand einer Wiese steht und sich die Lunge aus dem Leib brüllt. Und alle schauen einen an. Und alle denken sich: Was ist das für eine inkompetente Hundehalterin? Denke ich. Es könnte auch sein, dass sie Mitgefühl mit mir haben. Wieso glauben wir so oft, andere denken abwertend über uns, wenn wir nicht der Norm entsprechen? Könnte es daran liegen, dass wir das auch machen und deshalb von uns auf andere schließen? Und wie wäre es, wenn wir es mal mit Mitgefühl versuchen würden? Und dann erst recht von uns auf andere schlössen, denn: Mitgefühl ist die Grundlage für menschliches Glück.

Mitgefühl hätte ich dringend nötig gehabt. Es gab zwar keine Zeugen im Wald, aber es gab einen Jäger. Der hatte mich erst neulich darauf angesprochen, dass ich den

Hund anleinen sollte, und ich hatte ihm stolz vorgeführt, wie vorbildlich Flipper folgte. Doch jetzt war er weg. Hin- und hergerissen zwischen Ärger und Sorge schnellte mein Blutdruck in die Höhe. Es verstrichen fünf Minuten und acht – was sollte ich tun? Nach Hause gehen? Ihn suchen? Und wenn ich ihn gefunden hätte? Bestrafen? Keine Chance. Denn wenn er irgendwann auftauchen würde, und ich würde ihn anbrüllen: »Wo kommst du denn her?«, würde er in der Bewegung auf mich zu eine Abfuhr bekommen. Ich musste mich auf jeden Fall freuen, wenn er zu mir lief. Ein Hund ist nicht blöd. Wenn er zu seinem Herrchen und Frauchen läuft und die ihn schimpfen, weil er Verspätung hat, überlegt er es sich beim nächsten Mal, ob er kommt. Freut sich Frauchen über ihn und gibt ihm vielleicht sogar ein Leckerchen, dann folgt er dem nächsten Pfiff wie ein geölter Blitz. Und irgendwann braucht er gar kein Leckerchen mehr, weil bei Frauchen einfach der tollste Ort der Welt ist. So weit die Theorie.

Herzensschlüssel

In der Praxis vergingen fünf Minuten höchster Sorge. Ich hatte ein paar Horrorvorstellungen, was Flipper passiert sein könnte. Dann schaltete ich meinen Kopf aus und mein Herz ein. Ich blieb stehen und spürte meine Füße auf der Erde. Ich atmete und fühlte, wie ich mich beruhigte. Als ich mich einigermaßen entspannt hatte, ging ich langsam weiter, wobei ich versuchte, Hund zu spielen. Nicht, dass ich die Nase hob, um zu wittern. Aber ich schaltete irgendwelche Sinne ein, für die ich keinen Namen weiß, und lief weiter. Und plötzlich fiel mir etwas ein: Vor vielen Jahren hatte ich in der Nähe einmal einen sogenannten Luderplatz entdeckt, wo der Jäger gern ein Buffet für die Füchse servierte. Und da fand ich den ... Übeltäter? Nein, ich sah einen vor Glück vibrierenden Hund, der verzückt an einem Rehbein nagte. Ich war so dankbar, dass meine Knie weich wurden. Kein Ärger, keine Wut, einfach nur: danke. Flipper war nichts zugestoßen. Im Gegenteil. Er stand im Paradies inmitten eines befleischten Knochenberges. Jetzt hatte er mich gehört, wendete den Kopf, schaute mich an. Vielleicht eine Frage im Blick. Ruhig ging ich weiter, das Herz offen und keinerlei Spannung im Leib, auf die ein Hund so schnell und so fein reagiert. Dennoch war ihm die Sache nicht geheuer. Er begann beschwichtigend zu wedeln, ließ das Bein fallen, leckte darüber, hob es wieder hoch, war aber ein klein wenig unschlüssig.

Schon stand ich neben ihm. Mit schräg geneigtem Kopf schaute er mich an, dann setzte er sich vor mich.

»Da hast du ja was Tolles gefunden«, sagte ich zu ihm und genauso meinte ich es. Ich spielte nichts vor, von wegen so tun, als ob, was ja prinzipiell ein guter Tipp ist. Ich stellte mir das gerade wirklich vor. Der absolute Hammer, mitten im Wald so ein duftendes, herrlich angegammeltes vom Himmel gefallenes Geschenk. Ich schaute mir die Sachen an, ob etwas gefährlich verdorben wirkte, ob ich mit Durchfall oder nur Fürzen zu rechnen hatte. Nach meiner Inaugenscheinnahme stempelte ich das Buffet als unbedenklich und zum Verzehr geeignet ab. Dann sagte ich in freundlichem Ton zu Flipper: »Jetzt gemma weiter.«

Er stellte sich an meine Seite und ging mit mir zurück auf den Waldweg, bald lief er wieder ein paar Schritte voraus, schnupperte, lief vor und zurück, immer in meiner Nähe. Manchmal aber blieb er stehen, warf mir einen Blick über die Schulter zu. Wenn ich Worte dafür finden sollte, dann wäre es etwas wie eine tiefe Erleichterung, dass er Hund sein darf. Natürlich glaube ich nicht, dass er das dachte. Aber so fühlte es sich an, in unserem Zwiegespräch der Herzen.

Seither ist Flipper im Wald nie mehr verschwunden. Um es zu testen, bin ich noch mehrmals diesen Weg entlanggelaufen, in der verlockenden Nähe des Buffets. Stets blieb er bei mir.

Nur ein Zufall? Oder Glück gehabt? Man hört so einiges, wenn man sich mit anderen Hundeleuten unterhält. Oder habe ich eine so herausragende natürliche Autorität, dass Flipper meinen Wünschen folgt? Es könnte auch ganz anders sein, wie mir in den Sinn kam, als ich darüber nachdachte, warum die Causa Rehbein mich so tief berührt hatte. Denn so etwas Ähnliches hatte ich schon einmal erlebt, damals noch eine unerfahrene Hundefreundin. Es ist wie mit Kindern – beim ersten Kind handelt man manchmal aus Unsicherheit, und weil man alles richtig machen will, zu streng oder setzt im Gegenteil zu wenig Grenzen. Beim zweiten Kind hat man schon Erfahrung gesammelt und ist insgesamt gelassener und oft auch klüger. Erst recht beim dritten und vierten.

Mit Luna hatte ich eine Erfahrung gemacht, an der ich heute noch kaue. Flipper ermöglichte es mir, diese Situation von damals so ähnlich noch einmal zu erleben. Doch diesmal reagierte ich anders. Luna hatte ich angeschrien und sie am Nackenfell aus dem Wald gezogen. Hunderte von Malen habe ich mich seither in Gedanken bei ihr entschuldigt, denn in ihrer Welt hatte sie genau das Richtige getan. Etwas Leckeres gefunden und es sich einverleibt, ohne vorher ein Formular bei ihrer Aufsichtsbehörde einzureichen. Bitte, sie war ein Hund. Das stand ihr zu. Wir kannten uns noch nicht so lang, dass wir andere Verhaltensweisen hätten einüben können. Denn es ist durchaus möglich, einem Hund nahezubringen, erstens nicht wegzulaufen, zweitens nichts Gefundenes zu verzehren. Ja, das ist aufwendig, aber mit Geduld, Liebe und Gewusst-wie kann es gelingen. Doch es spielen auch noch andere Faktoren mit.

Der Gencode

Jeder Hund ist eine eigene Persönlichkeit wie auch jeder Mensch. Was den einen stresst, lässt den anderen kalt – sogar bei gleicher Herkunft und Sozialisation. Da können zwei Hundegeschwister aus demselben Wurf beim selben Halter leben und sich dennoch völlig verschieden benehmen. An Silvester kann der eine gar nicht genug von der Party kriegen, während der andere schlotternd unterm Bett liegt. Wie beim Menschen wird auch beim Hund der Umgang mit Stress bereits im Mutterleib angelegt – wie verlief die Trächtigkeit der Hündin? Entspannt oder unruhig? Neuere Forschungen bei Hunden zeigen, dass sogar unbewältigte Stresssituationen des Vaters Tage oder Wochen vor dem Deckakt Auswirkungen auf die emotionale Stabilität des Nachwuchses haben.

Ob Hund oder Mensch: Früher nahmen Wissenschaftler an, dass das Wesen durch zwei Faktoren geformt wird. Zum einen durch die Gene, die die Haar- oder Fellfarbe festlegen, oder auch Anfälligkeiten für bestimmte Krankheiten. Zum anderen durch unsere Kindheitserfahrungen wie auch Umwelteinflüsse. Mittlerweile zeigt sich, dass uns Gene und Umwelt keineswegs isoliert voneinander prägen. Sie sind komplex miteinander verbunden. Ja, es ist sogar so, dass unser Lebenswandel einen Einfluss darauf hat, wann und wie Teile unseres Erbguts wirksam werden. Man spricht hier von einem zweiten genetischen Code –

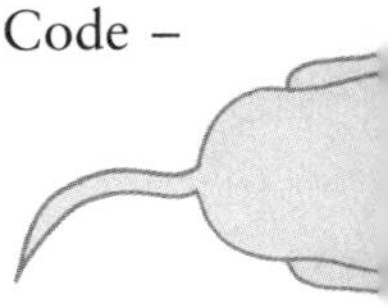

der Epigenetik. Dieses neue Denken wird wohl auch die Hundezucht verändern. Denn in den Körperzellen wird lebenslänglich weiter abgespeichert, was uns begegnet ... und unseren lieben Hunden. Und als Menschen gehören wir ja zum Speichermaterial der Hunde und umgekehrt.

Mit dem Herzen angeschaut ist das alles gar nicht verwunderlich. Ein Nachwuchs, der liebevoll von seinen Eltern betreut wird, ist schlichtweg resilienter. Und es ist wunderbar, dass diese guten Erfahrungen weitergegeben werden können. Leider gilt das auch für die schlechten. Davor wollte ich den kleinen Flipper bewahren. Als er zu mir kam, legte ich größtes Augenmerk auf die Erfüllung der hundlichen Grundbedürfnisse. Ein Welpe braucht viel Ruhe und Schlaf, er braucht Bewegung, Beschäftigung, Spiel, Bindung und Beziehung. Das richtige Maß ist entscheidend für die spätere Stressresistenz und ein harmonisches Miteinander. Was ein Hund nicht braucht, ist Abitur.

Der wahre Buddha

Jeden Morgen werden wir neu geboren. Wie wir heute leben, darauf kommt es an.

Das Überraschungsei – Hunde haben keine Erwartungen

Der wedelnde Buddha

Am besten, du erwartest nichts, dann wirst du auch nicht enttäuscht.

»Dieser Hund ist ein völlig anderer Mensch.« Diesen Satz sagte ich oft in meiner ersten Zeit mit Flipper. Damit wollte ich ausdrücken, dass mich der sich entpuppende Charakter meines neuen Mitbewohners überraschte. Natürlich durfte er anders sein als seine Vorgänger. Ja, darum hätte ich sogar gebeten, und vielleicht hatte ich deshalb auch die hundelose Lücke ausdehnen wollen. Denn wenn einer geht und ein anderer kommt, besteht immer die Gefahr, dass man den Neuen am Alten misst. Mit dem Alten ist man zu einem Dreamteam zusammengewachsen, und so fehlt es manchmal am Verständnis, dass der Neue gewisse Alltagsmanieren erst erwerben muss. Und das sind dann erschwerte Startbedingungen, die ich meinem Neuzugang auf keinen Fall zumuten wollte. Er sollte ein unbeschriebenes Blatt sein dürfen. Gemeinsam würden wir unsere Geschichte verfassen, und wie sehr wünschte ich mir, es würde kein Drama dabei herauskommen, sondern eine

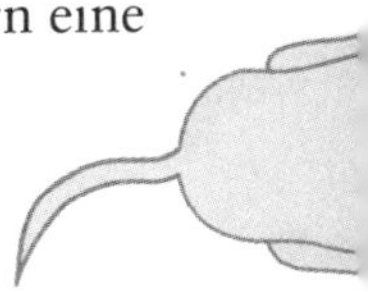

von Vertrauen und Zuneigung geprägte Geschichte einer langen Freundschaft. Ich wollte die kleinen Pfoten nicht in die großen Abdrücke seiner Vorgänger stellen und dann enttäuscht sein. Oder mir wünschen, es wäre beim Hund eine Datenmigration wie beim Handy möglich.

So etwas wäre meinem Physiotherapeuten Benno vermutlich das Liebste gewesen, der mir stolz erzählte, dass er nie länger als drei Tage »unbehundet« gelebt hätte. Wenn einen seiner Boxer das finale K. o. ereilte, beschaffte er sich sofort einen Nachfolger, einmal fuhr er dafür über tausend Kilometer quer durch Deutschland. Und alle hießen Ali. Und alle sollten sein wie der Champion, der erste Ali, an ihm wurden sie gemessen – und zurechtgeschnitzt: Ali hätte nicht so geschlabbert beim Trinken. Ali hätte den Postboten nicht verbellt. Ali hätte niemals einen Autoreifen angepisst. Vermutlich resignierten die Alis irgendwann und passten sich an – ganz buddhistisch: zum Wohle von Benno.

Meine Entdeckungen über die Persönlichkeit von Flipper fasste ich in menschliche Charakterzüge, wie es eben ist, wenn man ein Lebewesen liebgewinnt. Doch er verblüffte mich immer wieder, weil er sich öfter untypisch für einen Hund verhielt. Meiner Erfahrung nach flippte ein Hund beim allmorgendlichen Wiedersehen mit Herrchen oder Frauchen völlig aus.

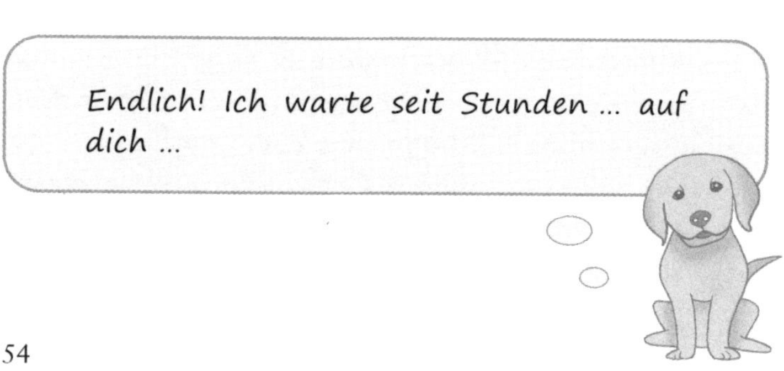

… hofft das Zweibein.

… ist vermutlich realistischer. Oder darauf, dass wir rausgehen. Flipper hingegen nahm mein morgendliches Erscheinen häufig nur zur Kenntnis. Vielleicht war er einer Ausflipperei wegen seines Namens überdrüssig. Der kleine Kerl gab mir Rätsel auf.

In den ersten Tagen hatte ich ihm ein Bettchen in meinem Bett gemacht. Später schlief er vor dem Bett und dann entschied er, lieber in der Küche zu bleiben. Weil das der interessanteste Ort des Hauses war? Wenn ich morgens die Küche betrat, konnte es durchaus geschehen, dass ich ihm bloß ein bis drei minimalistische Schwanzspitzenlupfer entlockte, für die es fast eine Lupe brauchte. Begrüßen? Gar aufstehen? Wieso? Was war so besonders daran, dass Frauchen in der Küche auftauchte? Die wohnte doch hier. Da musste man doch nicht vor Begeisterung durchs Zimmer springen, jaulen, juchzen, sich auf den Boden werfen, Streicheleinheiten einfordern.

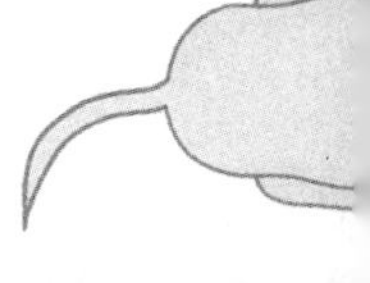

Alle seine Vorgänger konnten es morgens kaum erwarten, bis sie einen Laut von mir hörten. Ich brauchte mich nur im Bett umzudrehen, da tapste es schon. Nicht so Flipper. Gewiss schenkte er mir manchmal morgendliche Aufmerksamkeit, doch er drehte nicht durch. Nie verlor er seine erhabene Erdung. In den ersten Wochen fragte ich mich morgens manchmal bang, ob er überhaupt noch am Leben war. Einmal beugte ich mich über ihn, um zu sehen, ob sich seine Flanken hoben und senkten. Da öffnete er die Augen und zeigte mir unmissverständlich die Ruhestörung an. Habe ich »Tschuldigung« gemurmelt? Es würde mich nicht wundern. Flipper war ein Langschläfer und wollte noch nicht so früh befummelt werden. Ich hätte mich gar nicht so beeilen müssen mit Zähneputzen, um schnell bei ihm zu sein. Er öffnete erst später für den Parteienverkehr, hatte noch keine Sprech-, keine Kraulstunde. Meine Hände mochten in der Vorfreude auf das weiche Hundefell zucken, er zeigte mir die kalte Schulter. Was für eine Last, all diese Vorstellungen, die den Blick auf das eigene schöne Leben trüben. Das war anfangs irritierend und gewöhnungsbedürftig für mich. Und es stellte mich auf die Probe, denn schließlich wollte ich keinen

Hund von der Stange, der wie ein Roboter meine Erwartungen erfüllte. Ich wollte wissen, welche Seele in dem flauschigen Fellleib steckte. Wer bist du, Flipper, wenn du nicht auf meine Erwartungen reagierst?

Dieser Entschluss war sehr heilsam für mich, denn Flipper erinnerte mich Morgen für Morgen daran, in den neuen Tag mit so wenig Erwartung wie möglich zu starten. Das gehört in die Abteilung, dass Leben ohne Leiden unmöglich ist. Je mehr wir erwarten, desto schlimmer können diese Erwartungen enttäuscht werden, desto mehr leiden wir. Wenn wir nichts erwarten, können wir auch nicht enttäuscht werden. Ob wir auf einen Brief warten, der nicht kommt, oder auf eine Liebeserklärung, Beförderung, Entschuldigung. Und warum ruft mich Tina eigentlich nicht an, wo sie doch genau weiß, dass … Und Henry könnte sich auch mal bedanken für … Und wieso ist mein Lieblingsjoghurt schon wieder ausverkauft, der müsste doch hier im Kühlregal stehen, da gehört er hin, so eine Gemeinheit.

Wenn wir etwas unbedingt wollen, begehren, trägt es den Stachel eines Widerhakens. Leben ist dann nicht geschmeidig, sondern hakelt. Bekommen wir nicht, was wir uns einbilden oder wovon wir glauben, dass es uns zusteht, oder von dem wir behaupten »Sonst sterbe ich«, dann bleibt der Stachel mit dem Widerhaken stecken und das kann wehtun. Manchmal reißt uns die Enttäuschung, nicht zu bekommen, was wir unbedingt wollen, sogar ein Stück Fleisch raus. Darauf steht Selbstbewusstsein oder Hoffnung oder was auch immer. Wir schrumpfen, werden kleiner, trauen uns weniger zu und landen manchmal dort, wo wir ganz bestimmt nicht hinwollen: in unseren kindlichen Traumata. Nichts einfacher, als sie zu

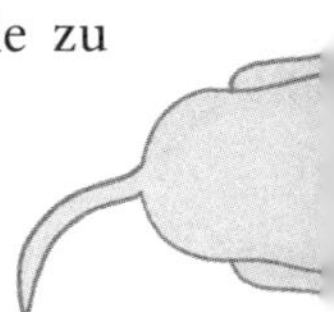

triggern und mit unseren gewohnten Glaubenssätzen darauf zu reagieren. Ich bin halt nicht gut genug, die anderen sind schuld, nie gelingt mir etwas, keiner mag mich … Und dann ist Leben wirklich Leiden. Mit einem Hund im Haus haben solche Anwandlungen wenig Chancen, denn Hunde heilen unseren Kummer. Einmal die Hand auf das warme Fell gelegt, wirkt wie ein Seelenpflaster. Einmal in die herzensguten Hundeaugen geschaut. Einmal durchgeschnauft – und dann ruckelt sich alles wieder zurecht. Und wenn's mal ganz schlimm ist: einen langen Spaziergang machen und dem Hund beim Wedeln zuschauen. Das vertreibt Kummer und Sorgen!

Der wahre Buddha

Das, was du heute denkst, wirst du morgen sein.

Der Eid des Hundokrates

Trotz meiner guten Vorsätze war ich nicht gefeit gegen Erwartungen. Ich bin halt nur ein Mensch. So hatte ich gemutmaßt, dass Flipper nach der langen Nacht schnell rausmusste, und diese Annahme war das einzige Hundehaar in meiner Suppe. Meine Morgenruhe war mir heilig geworden, seit ich ohne Hund lebte. Sie war auch der einzige Gewinn im Leben ohne Hund. Der Morgen gehörte nur mir, ich fühlte mich nicht getrieben von meinem erbarmungslosen Pflichtbewusstsein, mich perfekt um meinen Mitbewohner zu kümmern. Weder Flipper noch seine Vorgänger hätten es von mir erwartet, dass ich sofort nach dem Aufwachen aus dem Bett sprang, um den Hund rauszulassen.

Ich erwartete das von mir, und nachdem ich es täglich praktiziert hatte, gewöhnten sich meine Gefährten daran und erwarteten es auch. Womöglich glaubten sie, ich brauchte das.

Zweibeiner sind so. Die müssen sofort nach dem Aufwachen raus, sonst passiert ein Unglück. Also überwindet man sich eben, verlässt sein gemütliches Schaffell und tut, was Zweibein wohl nicht lassen kann. Wieso kann

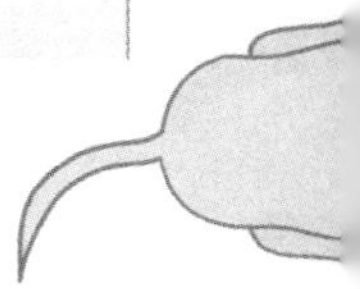

die eigentlich nicht allein raus und ich döse noch ein bisschen weiter? Ach, sei's drum, so sind die Regeln hier, und wenn sie damit glücklich ist, dann will ich sie gern begleiten. Hoffentlich sind wir schnell wieder zu Hause …

Vielleicht waren alle meine Hunde Langschläfer gewesen, doch ich hatte ihnen das abtrainiert mit meiner Erwartung, dass ein Hund morgens sofort rausmuss. Und dann hatten sie sich eben seufzend in ihr Schicksal gefügt und mir den Gefallen getan und ein paar Tropfen abgedrückt oder sich gebärdet, als würden sie vor Freude, mich zu sehen, gleich platzen. Hunde sind feine Beobachter. Und Anpassungskünstler. Vielleicht hatten sie die Show für mich aufgeführt? Frei nach dem Motto:

Frauchen ist glücklich, wenn ich meine Morgenshow abliefere. Wedeln nicht unter 120 km/h. Dann fühlt sie sich gebraucht und geliebt und natürlich als verantwortungsvoller Mensch. Weil sie meine angeblich hundlichen Bedürfnisse erfüllt. Nie käme sie auf die Idee, dass ich ihre menschlichen Bedürfnisse erfülle. Und darauf, damit das so bleibt, haben wir Vierbeiner den Eid des Hundokrates geschworen.

Flipper hatte den Eid vermutlich mit gekreuzten Pfoten abgelegt. Er zeigte mir unmissverständlich, dass er morgens nicht sofort rausmusste, sondern noch eine Weile im Traumland bleiben wollte. Und selbst wenn deswegen mal was danebengehen würde, würde ich das eben aufwischen. Es ging aber nichts daneben, denn dieser Hund hatte eine Gummiblase, bis ins Unendliche dehnbar. Da mir dies unfassbar erschien, inspizierte ich Küche und Wohnzimmer auf allen vieren, um feuchte Stellen zu finden, senkte sogar die Nase auf den Boden. Nichts. Stattdessen fand ich ein Leck in mir selbst, die Stelle, an der ich nicht ganz dicht war:

Ich erwartete von mir, ein verantwortungsbewusstes Frauchen zu sein, weil ich mich selbst so sehen wollte. Ich lebte nicht mit dem Hund Flipper, sondern mit meiner Vorstellung, wie es zu sein hatte, mit einem Hund zu leben. Und was machte Flipper? Er schredderte eine Idee nach der anderen und setzte mich auf die Fährte meiner eigenen Erwartungshaltung. Angenehm war das nicht, mir selbst auf die Schliche zu kommen, aber nach einer Weile machte es mir sogar Spaß, und ich hielt die Lupe auf diese lehrreichen Lektionen.

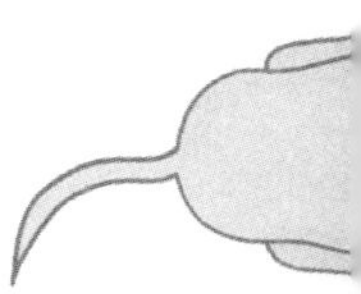

Ist es nicht verrückt, wie viele Regeln und Gesetze wir ständig aufstellen, ohne es zu merken? Manchmal, wenn man sich verliebt und ein Wir bildet, fallen sie auf, weil jemand fragt: »Warum muss das bei dir immer so und so sein?« Tja, warum? Jetzt zugeben zu können: »Keine Ahnung, ich mach es halt immer so«, wäre ideal. Aber meistens suchen wir nach Erklärungen, erfinden irgendwas. ... Und verlieren dabei Herzenskontakt.

»Ich kann es nicht ausstehen, wenn ich morgens in eine unaufgeräumte Küche komme, weil der neue Tag dann mit den Altlasten von gestern beginnt.«

»Ich finde es total schön, wenn ein Morgen mich an den gestrigen Abend erinnert, eben weil da noch ein bisschen was rumsteht.«

»Aber Essensreste schimmeln.«

»Doch nicht über Nacht.«

»Aber dann riecht es so komisch in der Früh.«

»Ich lüfte sowieso.«

Und so geht es hin und her und man entfernt sich voneinander. Wie gut, dass Hunde ihre Herzen nicht an solche Rechthabereien ketten.

Ich wollte eine neue Geschichte mit Flipper schreiben, ohne in alten Stoffsammlungen zu kramen. Ich wollte keine Absätze von irgendwo in unsere Geschichte hineinkopieren oder ein paar fertige Satzbausteine im Heimwerkermarkt holen. Ich wollte ein weißes Blatt, mein offenes Herz und dann bloß noch Atmen und Vertrauen. Auf einer solchen Landebahn ließ sich das Glück gern nieder. Was nicht hieß, dass ich die Regeln der Grammatik grob verletzen würde. Subjekt, Prädikat, Objekt. Daran würde ich nicht rütteln. Flipper sollte die Grundkommandos lernen: Sitz, Platz, Bleib und alles, was noch wichtig war, sowie auf Rückruf wie der geölte Blitz zu mir kommen, wofür ich ihm zutiefst dankbar war. Ach, vielleicht hatte er auch gewittert oder über mir unbekannte Kanäle herausgefunden, dass Geduld nicht zu meinen Stärken gehörte, und er wollte es mir leicht machen – zu meinem Wohle. Wobei er es mir aber auch hätte leicht machen können, gute Karmapunkte zu erwerben, indem er es mir schwer machte. Denn wir wachsen an unseren Herausforderungen. Aber ehrlich: Ich war unendlich froh, dass der Einzug meines neuen Gefährten völlig problemlos verlief. Einige Male rief ich bei Frau Rita an, um ihr von meinem großen Glück mit Flipper zu erzählen, doch ich konnte meine begeisterten Dankesbekundungen immer nur dem Anrufbeantworter erzählen.

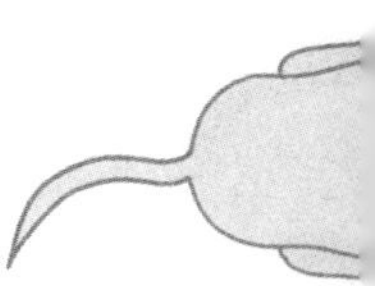

The Show must not go on

Der wedelnde Buddha

Deine Herzenssprache braucht keine Wörter.

Ist es nicht herrlich, morgens langsam aufzuwachen ... vielleicht einem Traum nachzusinnen ... darüber zu sinnieren, wie ein Kapitel, an dem ich gerade schrieb, weitergehen könnte? ... Ja, es war herrlich und es war möglich. Nicht, weil Flipper es mir zugestand, sondern weil ich selbst es mir erlaubte. Ich zwängte mich nicht mehr in meine strengen Vorschriften der Morgenroutine mit Hund. Wie heißt es bei Musikern so treffend? First learn the rules, than break them.

Es machte mir immer mehr Spaß, mir selbst auf die Schliche zu kommen. Ich erwartete, dass noch eine Banane in der Speisekammer lag. Keine mehr da. Stich ins Herz, nein in den Magen. Ich erwartete heute laut Wetterbericht Sonne. Von wegen. Ich erwartete einen Rückruf, der nicht erfolgte, ein Päckchen, das nicht kam. »Servus«, grüßte ich meine Nachbarin und erwartete einen Rückgruß, nun gut, sie ist fast hundert und schwerhörig. Das war nicht so schlimm. Im Gegensatz dazu, dass mein Auto nicht ansprang. Oder die Waschmaschine Flecken produzierte. Oder Vroni mir nicht mitteilte, ob sie sich nun getrennt hatte oder nicht – wir hatten stundenlang darüber gesprochen, wie sie sich verhalten könnte. Und reich und berühmt war ich noch immer nicht. Und mein Zahnarzt hatte auch nicht gleich einen Termin für mich. Ich konnte nur staunen – ich war ja geradezu umzingelt von Erwartungen. Am schlimmsten waren diejenigen, die ich in andere Menschen hineindachte. Denn damit trennte ich mich von diesen Menschen. Ich sah sie nicht mehr als fühlende Wesen, sondern als Automaten, die nicht funktionierten. Und funktionieren bedeutete, dass sie sich verhielten, wie ich es von ihnen erwartete.

»Hey Flipper! Das alles bringst du mir bei ohne ein einziges Wort.«

Wieder sagte er nichts. Oder hörte ich da:

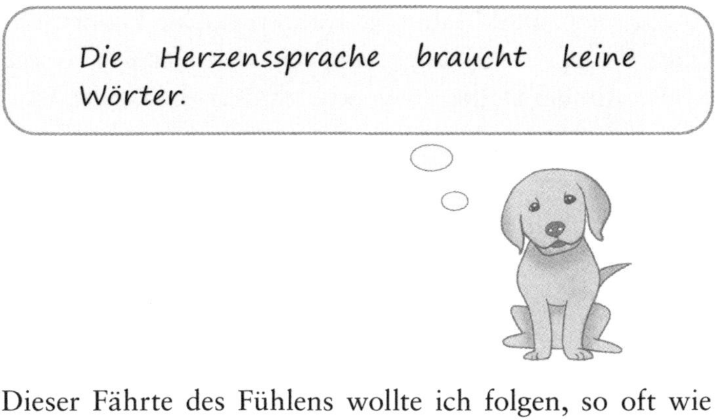

Dieser Fährte des Fühlens wollte ich folgen, so oft wie möglich, und auch nett zu mir sein, wenn es mal nicht klappte. Denn es kam mir nicht mehr darauf an, dass die Show weiterging, diese Abläufe kannte ich doch schon. Ich wollte mal was Neues ausprobieren, und Flipper war eine Erinnerung für diesen Neubeginn.

Schmeichelhaft war es für mich allerdings nicht, mein Verhalten einmal so auf den Prüfstand zu stellen. Denn

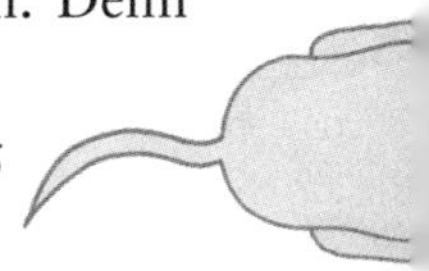

Erwartungen und Bedürfnisse gehören zum Leben dazu. Sie sollten halt nur nicht das Kommando übernehmen, weil man dann bloß noch durchs Leben rennt, um diesen Hunger zu stillen: Ich brauch jetzt sofort einen Kaffee, ein neues iPhone, ich muss zum Sport, ohne meine Lieblingsserie kann ich nicht leben.

Gewiss hatte Flipper auch Bedürfnisse. Sein Napf sollte pünktlich eintreffen, als wäre er ein Zug. Aber manchmal streikte die Bahn. Flipper verwandelte sich dann allerdings nicht in eine bellende Trillerpfeife und blaffte mich an bis zur Heiserkeit. Taktvoll, um mir meine Fehlbarkeit nicht zu deutlich zu signalisieren, machte er mich darauf aufmerksam, dass etwas fehlte. Wenn ich gerade sehr in Gedanken war, übersah ich seine Erinnerung, noch weit entfernt von einer Mahnung. Dann versuchte Flipper, mir charmant auf die Sprünge zu helfen, indem er sich vor die Speisekammer stellte. Reagierte ich abermals nicht, fand er sich damit ab, blieb im Herzenskontakt, stellte unser Zusammenleben nicht prinzipiell infrage:

Ist sie überhaupt die Richtige für mich, das Essen hier schmeckt mir auch nicht und überhaupt gefällt mir meine Hundedecke nicht.

Er fand sich in die aktuelle Situation hinein, ohne dazu einen philosophischen Überbau zu bemühen. So war es eben – also nahm er, was kam. Ich jedoch akzeptierte es häufig nicht, wenn meine Erwartungen enttäuscht wurden, sondern kläffte noch eine Weile herum. Und damit war ich als Zweibein nicht allein – ein kleiner Trost immerhin. Hellhörig geworden fiel mir auf, wie viele Gespräche im Freundeskreis sich um enttäuschte Erwartungen drehten. Stell dir vor, er hat … Stell dir vor, er hat nicht … Ich hätte schon erwartet, dass sie … Natürlich hat er wieder mal … Allmählich frage ich mich, ob … Und Flipper lag unterm Tisch und die Erwartungen prallten einfach an ihm ab. Als wäre er in einen schützenden Mantel gehüllt. Vielleicht war dies die Funktion eines Fells. Man sagt doch auch: Ich lasse mir ein dickeres Fell wachsen. Ja, das wollte ich tun. Und dann würde ich mich als Wachhund postieren und jede Erwartung verbellen. Was für eine hohe Erwartung! An sich selbst stellt man ja gern die allerhöchsten Ansprüche. Und natürlich klappte das nicht. Aber in mir erwuchs allmählich ein guter neuer Sinn. Ich lernte, Erwartungen aufzuspüren, und das machte mein Leben leichter und freier – eine Voraussetzung zum Glücklichsein. Wenn ich nichts erwarte, kann ich auch nicht enttäuscht werden. Und ich konnte diesen neuen Sinn auch anderen zur Verfügung stellen.

Eine Bekannte empörte sich bei mir darüber, dass ihr neuer Freund am Sonntag nicht ausgiebig mit ihr frühstücken wollte. Sie schloss daraus, dass er an einer langfristigen Beziehung wohl kaum interessiert war. Ihrer Meinung nach war das ausgiebige Sonntagsfrühstück ein Zeichen von Liebe. Wer sich liebt, frühstückt gern am Sonntag zusammen. So war das bei ihren vorhergehenden Beziehungen

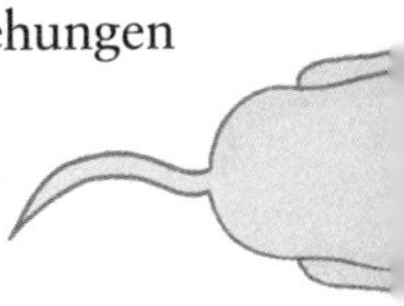

gewesen und der hier wollte morgens gar nie essen, weil er Marathon lief und Intervall fastete.

»Stell dir vor, für ihn wäre es ein Zeichen von Liebe, wenn du mit ihm Intervall fasten würdest«, gab ich ihr einen Tipp. Doch er kam nicht an: »Aber doch nicht am Sonntag!«

Das zeigte mir, dass nicht nur ich etwas von anderen erwartete, sondern auch andere von mir. Und wie oft erfüllte ich eigentlich die Erwartungen, die jemand in mich setzte? Meine Güte, ist dieses Leben auf zwei Beinen kompliziert. Vermutlich benötigte man vier Stück für ein besseres Gleichgewicht.

Sehen am See

An einem satten Sommerabend, der viel zu schön war, um zu Haus zu bleiben, ging ich mit Flipper am See spazieren. Ohne ihn hätte ich diesen atemberaubenden Sunset in Violett, Rosa, Rot, Gelb, Grün und vielerlei Blautönen versäumt. Ich allein hätte mich vermutlich nicht aufraffen können. Wie so oft tat ich etwas angeblich für Flipper – und tat es doch auch für mich. Manchmal sogar mehr für mich als für ihn, denn als ich ihn zum Mitkommen aufforderte, wirkte er wenig begeistert. Er hatte es sich gerade richtig gemütlich gemacht auf dem Sofa und vielleicht schon auf die Traum-Fernbedienung gedrückt. Mal sehen, welchen Film ich mir heute angucke. Das Rehbein im Wald? Oder lieber: Wenn der Postmann klingelt? Oder: Molly kommt zu Besuch.

Am Ufer packten Badegäste ihre letzten Siebensachen ein. Bald liefen Flipper, der nun sehr begeistert von diesem überraschenden Ausflug war, und ich allein am Kiesstrand entlang. In der Ferne sah ich etwas flackern. Da traute sich einer aber was, denn Feuer war verboten wie so vieles andere auch. Beim Näherkommen entdeckte ich einen ziemlich attraktiven Mann, der mit nacktem Oberkörper an einem Stock eine Wurst ins Feuer hielt und sie dann mit einem großen weißen Schäferhund teilte. Wurde hier irgendwo ein Werbespot gedreht?

Wäre ich nicht in besten Händen, ehrlich: Ich wäre

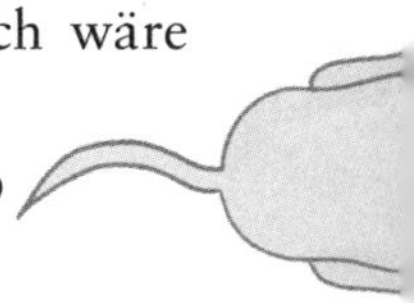

höchst gefährdet gewesen, mich schockzuverlieben. Hier stimmte alles. Das Sun-Setting, der Sommerhimmel, glutrot im See in immer mehr Farben, der v-förmige Oberkörper, das lockige Haar, der apfelrunde Bizeps, die Wurst und der außergewöhnliche Hund. Wau. Wow!

Ich bin neugierig. Das ist auch eine Berufskrankheit. Sofort wollte ich alles wissen: Wer bist du, woher kommst du, was machst du da, was ist das für ein Hund, hast du eine Freundin? Und noch viel mehr.

Mit einem Hund an der Seite fallen unhöfliche Direktheit und Indiskretion kaum auf, weil er Herzen öffnet und blitzschnell eine Verbindung herstellt. Man hat eine wundervolle Gemeinsamkeit. Man kennt sich, ohne sich zu kennen, weil man seinen Hund liebhat und der oder die andere seinen oder ihren. Dennoch fragt man natürlich nicht: Wer bist du? Das wäre unhöflich, aber warum eigentlich? Denn darum geht es doch.

Wenn Hunde sich begegnen, behandeln sie sich in der Regel sehr höflich. Sie laufen nicht frontal aufeinander zu, sondern in einem Bogen, achten sehr genau auf die Signale, die der andere aussendet, und akzeptieren, wem der erste Schnupperer am Hinterteil gebührt. Dort befindet sich bei einem Hund nämlich die Visitenkarte. In der Hundewelt ist das nicht peinlich, sondern korrekt, so wie wir Menschen uns zur Begrüßung die Hände schütteln. Aber während wir beim Händeschütteln vor allem äußerliche Informationen sammeln können – klein, groß, warm, kalt, trocken, feucht, fest, lasch –, machen sich Hunde über die Gerüche der Analdrüse ein Bild über Geschlecht, Paarungsbereitschaft, Gemütslage, Gesundheitszustand und Ernährung des jeweils anderen Hundes. Und genauso begrüßten sich

Flipper und der große weiße Hund. Respektvoll bogen sie ihre Leiber und beschnupperten sich, indem sie zwei-, dreimal um sich kreisten.

»Servus«, sagte ich, als ich in Rufweite war.

»Salve«, erwiderte der Mann.

Nicht von hier, dachte ich. Vielleicht ein Tourist. Irgendwo wird ein bunt bemalter VW-Bus stehen, mit dem er durch die Lande tingelt. Jeden Abend Sunset an einem anderen Ort. Interessantes Leben. Während ich krampfhaft nach Worten suchte, die alle nicht passten – bist du öfter hier, schöner Abend, schöner Hund, schöne Wurst –, setzte Flipper sich in höflichem Abstand zu dem weißen Hund ans Feuer. Also an die Wurst.

Wenn ich jetzt sage, dass man hier kein Feuer machen darf, dachte ich, komme ich total negativ rüber. Und wenn ich ihm sage, dass ich gar nicht wusste, dass man Würste auch ohne Grill braten kann, hält er mich für bescheuert.

»Magst a Wurst?«, fragte der Mann und half mir damit aus der Zwangsjacke der Konventionen. Zwei Hunde, zwei Menschen, ein Sonnenuntergang und eine Packung Würschtl, das fand jetzt statt. Doch es hakelte noch ein bisschen bei mir.

»Hm«, sagte ich.

»Ich hab genug«, lud er mich ein. Und führte aus: »Für uns alle.«

Die Antwort, die in meiner Jackentasche steckte, lautete: Danke, ich habe keinen Hunger. Oder: Danke, ich hab schon zu Abend gegessen. Oder: Würste mag ich nicht. Aber ich hatte die Jacke bereits ausgezogen. Vermutlich war das noch zu wenig. Besser war es, sie ins Feuer zu werfen, damit sich alle meine komischen Verhaltensweisen in Luft auflösten.

»Das ist der Häuptling«, sagte der Mann. »Und ich bin der Mike.«

Ich stellte Flipper und mich vor und wunderte mich, dass dieser Häuptling die Würste nicht verteidigte oder irgendwelche Anstalten machte, Flipper zu zeigen, dass dies hier sein Revier war. Flipper ist äußerst friedfertig, doch wenn er Würste hüten würde und ein Rivale auftauchte, würde er schon mal kurz sein orales Messerset aufblitzen lassen, um dem anderen zu zeigen, dass diese Würste in seinem Hoheitsgebiet wuchsen.

Viele neue Fragen rasten in meinem Hirnkastel herum. Wow, dass dein Hund so gut folgt. Ist das wirklich ein Schäferhund oder was anderes? Wie lang seid ihr schon ein Team, woher kommst du, wohin gehst du, was machst du allein hier am See? Und wieso verdammt noch mal siehst du so gut aus, wie kann man überhaupt so gut aussehen?

»Darf ich dem Flipper ein Stückerl Wurst geben?«, fragte Mike.

Ich nickte.

Mike zerteilte die Wurst und reichte Häuptling und Flipper eine Hälfte. Die beiden waren offensichtlich übereingekommen, sich in gegenseitigem Respekt zu ignorieren. Anders Mike.

»Magst dich hersetzen?«, lud er mich ein.

»Gern«, sagte ich. Er reichte mir ein Stück Pappkarton, den ich auf den Kies legte. Mike eröffnete kein Gespräch. Er wollte nicht wissen, wo ich wohnte, was ich hier machte, wie alt Flipper war oder ob das gute Wetter halten würde. Er schaute ins Feuer, er schaute auf den See. Gewiss hatte er Kummer, Liebeskummer, na klar. Warum machte Mann sonst ein Feuer am See? Er hatte ein Problem und musste ins Feuer und aufs Wasser starren. Typisch Mann. Flipper hatte nun eine dringende Frage. Nämlich:

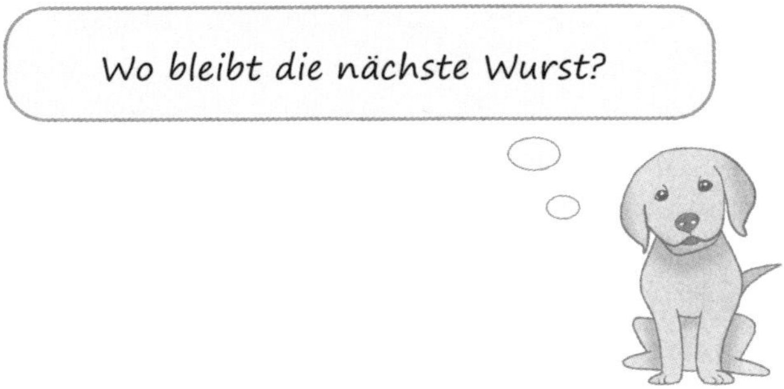

Sie ließ nicht lang auf sich warten.

Es folgten zwei weitere und dann sagte Mike zu den Hunden: »Basta. Mehr hamma ned.«

Beide legten sich ins Platz, schauten in die Flammen und über das Wasser und schnupperten zwischen Mike und mir hin und her:

Mike streckte sich, stand auf und zog ein T-Shirt aus einem Rucksack, den ich noch gar nicht entdeckt hatte.

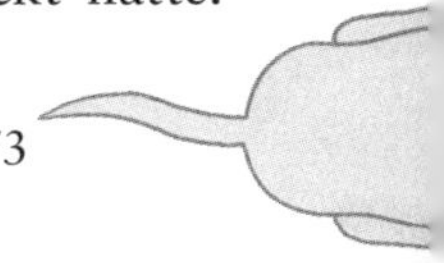

Schade. War er vielleicht gar nicht mit einem alten VW-Bus unterwegs? Er kraulte den Häuptling und fragte mich: »Soll ich noch ein bisschen Holz nachlegen?«

Da sah ich, dass er eine Zahnlücke hatte. Ein Schneidezahn fehlte. Das brachte mich ein wenig durcheinander. Die Zeiten, in denen Menschen hier mit Zahnlücken herumliefen, sind längst vorbei. Auch wenn jetzt wieder Menschen mit schiefem Zahnstand kommen, in meinem reichen Landkreis waren alle Zähne tadellos. Tanzten sie aus der Reihe, wurden sie frühzeitig mit Zahnspangen auf Linie gebracht. Hatte Mike einen Unfall gehabt, eine Schlägerei, wartete er auf einen Zahnarzttermin oder hatte er Angst vorm Zahnarzt? Und wie lang lief er schon mit der Lücke herum? Schade eigentlich. So ein schöner Mann und dann so ein Makel. Als ich mich dabei ertappte, Makel zu denken, schämte ich mich. Diesen Zahn musste ich mir ziehen.

Ich war an einem herrlichen Sommerabend am See unterwegs. Ein netter Mitmensch lud mich ans Feuer ein. Der Himmel glühte. Alles war perfekt. Und ich baute ständig Fehler ins Bild, weil ich versuchte, die Situation einzuordnen. Und kaum passte etwas nicht in mein vorgefertigtes Raster, war ich aufgeschmissen.

Fast hilfesuchend schaute ich zu Flipper, der mir sein Hinterteil zeigte und aufs Wasser schaute. Auch Häuptling zeigte sein Hinterteil. Wie zwei steinerne Wachhunde lagen die beiden in höflichem Abstand nebeneinander. Sacht schwappten kleine Wellen an den Strand. Das Feuer war am Runterbrennen.

»Ich könnte hier ewig bleiben«, sagte Mike unvermittelt.

»Dann tu's doch«, erwiderte ich, was man eben so sagt.

»Das geht leider nicht«, sagte er. »Wir haben noch eine

lange Fahrt vor uns, gell Häuptling?«, wendete er sich an seinen Hund.

Also doch kein Wanderer mit Rucksack, dachte ich.

Mir erklärte Mike: »Ich fahre lieber nachts, wenn weniger Verkehr ist.«

Schade, dachte ich abermals. Aber wieso eigentlich? Ich war doch schon so reich beschenkt. Und außerdem hatte ich mir einen Zahn gezogen und danach redet man ja nicht unbedingt gern. Ich schaffte es, den Mund zu halten, allerdings nur kurz, denn als Nächstes erfuhr ich, dass Häuptling blind war, und da hatte ich Fragen.

»Das macht ihm nichts, also ich glaub, dass es ihm nichts ausmacht«, sagte Mike. »Er kommt sehr gut zurecht, solange wir uns an Orten aufhalten, wo viel Platz ist. Irgendwie spürt er, wenn ein Hindernis auftaucht. In Städten nehm' ich ihn an die Leine, das ist ihm auch lieber.«

»Dann bist du im Wortsinn ein Blindenhundführer.«

»Ja genau«, lachte Mike und seine Zahnlücke blitzte auf. Irgendwie charmant.

Etwas in mir wurde ganz weich und ich hatte das Gefühl, ich müsste heulen. Ich wusste gar nicht, woher es kam. Und ganz dringend wollte ich Mike auf einmal ganz viel erzählen. Nicht fragen und mich verstecken, sondern mich zeigen. Was ich alles von ihm gedacht hatte und dass ich blind gewesen war und wie toll er mit Häuptling umging und dass ich so sehr hoffte, dass Flipper nie erblinden würde. Dann hatte ich das Gefühl, dass er das alles wusste. Und wenn nicht – war es wichtig, ihm das mitzuteilen?

Jetzt saßen wir mit unseren geliebten Hunden am See und gleich würde er weiterfahren nach Wien, das erwähnte er, und ich würde ihn vermutlich nie vergessen, wäh-

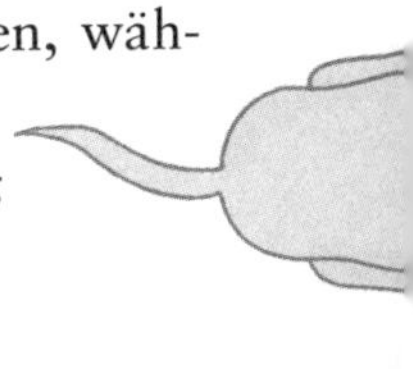

rend er mich vielleicht schnell vergessen würde und Flipper und Häuptling sich schon morgen vergessen hätten oder auch nicht – aber war das denn wichtig? Was war denn wichtig?

Der wahre Buddha

Alles, was uns widerfährt im Leben, ist das Ergebnis dessen, was wir selbst einmal gedacht, gesagt oder auch getan haben, denn wir allein sind für unser Leben verantwortlich.

Es geht um die Wurst

Eigentlich geht es immer um die Wurst. Ist sie da oder ist sie weg? Und wenn sie nicht da ist, dann brauche ich nicht darüber nachzudenken, warum sie weg ist, wann sie wiederkommt, ob sie so gut schmeckt wie letztes Mal. Weil ich ja gar nicht weiß, ob sie überhaupt wiederkommt. Und was ich alles verpasse, wenn ich ständig an die Wurst denke, die ich erwarte. Es könnten Schnitzel und Apfelstrudel an mir vorbeiziehen, die ich dann gar nicht sehen würde, weil ich auf die Wurst warte. Und wenn sie dann doch auftaucht, fehlt mir der Senf. Oder es ist der falsche, weil ich zum Beispiel für Weißwürste einen süßen Senf brauche.

Von Hunden heißt es, dass sie ihre Gewohnheiten über alles lieben. Dass sie einen geregelten Tagesablauf brauchen. Allerdings sind sie extrem anpassungsfähig. Was ich von mir wohl nicht behaupten kann. Wenn ich mir bloß einen Morgen ohne Kaffee vorstelle, kriege ich schon Entzugserscheinungen. Aber der Morgenkaffee ist ein liebgewonnenes Ritual und Rituale sind für soziale Lebewesen wichtig, denn sie stärken die Bindung.

Man kennt sich aus, man weiß, was passiert. Mit Ritualen stellen wir Gemeinschaft her. Doch wenn aus Ritualen starre Gewohnheiten werden, … dann lohnt sich ein Abendspaziergang am See. Und wer bringt einen wohl auf solche Ideen? Ein wedelnder Buddha. Und er tut es, ob-

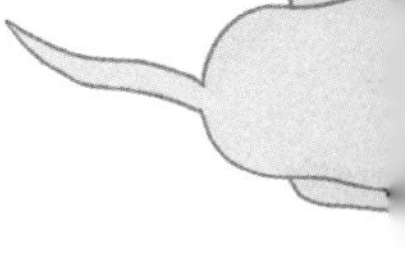

wohl er eigentlich auf Sofa eingestellt war. Aber so zeigte mir Flipper, was das Leben ist. Nämlich ein Überraschungsei. Und hin und wieder steckt sogar eine Wurst drin: Hotdog.

Geh, fühle! – Hunde zeigen uns die Fährte zur Lebensfreude

Der wedelnde Buddha

Gefühle zeigen heißt mutig sein.
Traust du dich?

Wie konnte das nur geschehen? Es war mir gelungen, das falsche Dokument in den Papierkorb zu schieben, und dort befand es sich nicht mehr. Die Arbeit eines halben Tages – weg. Genervt wollte ich das ganze Buch nicht mehr schreiben. Flipper, der wie so oft unter meinem Schreibtisch lag, stand langsam auf und schlich aus dem Zimmer. Wieso tröstete er mich nicht? Vermutlich hatte er das Dokument verschluckt. Und wo wir gerade dabei waren: Warum bekam ich eigentlich so wenig Zuspruch von meinem Hund? Wenn ich es genau bedachte, dann ließ er mich gerade dann im Stich, wenn ich ihn am nötigsten brauchte. Lassie würde so was nicht machen. Sie würde mich anschauen, ein paarmal winseln und mir signalisieren: Ich bin bei dir. Ich verstehe dich. Mach dir keine Gedanken, ich kümmere mich darum. Alles wird gut. Trust me.

Und dann würde sie den Papierkorb durchstöbern

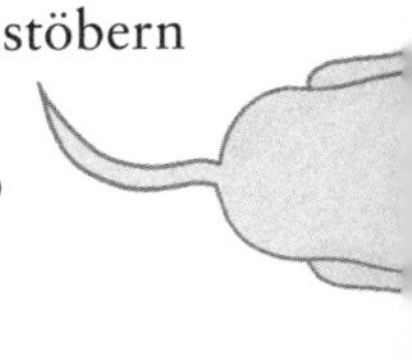

und natürlich würde sie das Dokument finden und mir ungetackert ohne Zahnabdruck reinweiß überreichen.

Ach, wie sehnlich habe ich mir als Kind eine solche Freundin gewünscht. Lassie hat alles verstanden, während die Erwachsenen sie oft missverstanden haben. Nur wir Kinder konnten sie verstehen. Ich musste viele Jahre warten, ehe sich dieser Herzenswunsch erfüllte. Ich selbst erfüllte ihn mir. Als Erstes lernte ich, dass Filmhunde wie Kommissar Rex, Käthe oder Idefix keine echten Hunde sind. Dennoch steckt viel Lassie in einem Hund, in seiner mitfühlenden Art, das haben auch neueste Forschungen gezeigt. Früher hat man Hunden das Fühlen komplett abgesprochen. Die Wissenschaft glaubte, dass sie allein von Instinkten gesteuert würden. Schwanzwedelnde Automaten. Was für eine erschütternde Betrachtungsweise, die jeden Tierfreund empörte, der es besser wusste und damit recht hatte, wie heute erwiesen ist: Hunde können menschliche Gefühle wahrnehmen. Und mehr noch: Sie übertragen sie auf sich selbst. So wie wir Zweibeiner die Vierbeiner »lesen« und spiegeln, lesen und spiegeln die Vierbeiner uns Zweibeiner. Ist Herrchen gut gelaunt, aufgeregt, hat es Kummer, ist es wütend oder hat es Angst? Das alles kommt beim Hund an, auch wenn wir keine hundliche Körpersprache an den Tag legen. Wir jaulen und hecheln nicht, ziehen keinen Schwanz ein oder fletschen die Zähne. Doch in angespannter Gefühlslage ist unsere Muskulatur hart – genauso wie beim Hund, der mit hoch aufgerichteter Rute steifbeinig auf einen Rivalen zustakst. Da kann das Herz durchaus in die Hose rutschen. Doch das passiert auch bei harmlosen Begegnungen.

Wenn sich beim Gassigehen ein großer freilaufender Hund nähert, haben nicht wenige Hundehalter Angst um ihren kleinen Gefährten. Womit sie ihm Kompetenz absprechen, dass er die bevorstehende Begegnung in hundlicher Etikette meistert. Zudem war der kleine Hund gerade in seiner Welt guter Dinge und neugierig, wer da als Nächstes seinen Weg kreuzen würde. Nun aber spürt er die Angst seines Menschen, die ihm signalisiert, dass Gefahr in Verzug ist. Sein Mensch beäugt den sich nähernden Artgenossen misstrauisch. Der Hund vertraut seinem Menschen und bekommt selbst Muffensausen. Ohne Herrchens unberechtigte Angst hätte es ein, zwei Schnupperrunden gegeben und das wär's gewesen.

Aus!!!

Der wedelnde Buddha

Sei mal so nett zu dir selbst, wie du es zu mir bist, und gönn dir hin und wieder einen Extraknochen.

Wenn der Postbote vor dem Gartenzaun steht und Flipper als Alarmanlage jobbt, reiße ich keinesfalls die Haustür auf und brülle »Aus! Ruhe! Still! Basta!« Denn damit würde ich Flippers Verhalten bestätigen: Ja, super, genau, du hast recht, da droht einer, die Reviergrenze zu übertreten, und ich belle auf meine Weise mit dir um die Wette. Nein, ich bedanke mich bei Flipper für seine Aufmerksamkeit: »Gut gemacht.« Schließlich gehört die Wahrung der Grenzen laut seiner Auffassung zu seiner Arbeitsplatz-Beschreibung. Und dann trollt er sich von selbst oder ich deute aufs Haus. So zeige ich ihm, dass ich die Akte Postbote nun übernehme. Ich werde entscheiden, wie mit dem Postboten zu verfahren ist, es fällt in meine Zuständigkeit. Und Flipper spürt, dass daran nicht zu rütteln ist, und das erleichtert ihn vermutlich, denn wer lädt sich schon gern Zusatzarbeit auf?

Strahlt der Mensch Ruhe, Gelassenheit, Klarheit und Selbstbewusstsein aus, ist er in seiner Mitte, dann nimmt der Hund wahr: Hier ist alles in Ordnung, hier ist es sicher, die Luft ist rein. Hunde erkennen dies nicht bloß durch

Körpersprache, sondern auch durch Gerüche, das hat man in Versuchen herausgefunden. So wurden Hunden beispielsweise verschiedene menschliche Körpergerüche vor die Nase gesetzt: ein neutraler Geruch, einmal Freude und einmal Angst. Die Proben aus menschlichen Achselhöhlen stammten von Männern, die zuvor in die jeweiligen Gefühlszustände versetzt worden waren. Diese »Parfüms« wurden dann in einem Raum versprüht, in dem sich die Hunde frei bewegen konnten. Beim Angstaroma zeigten sie deutlich sichtbare Zeichen von Stress, ihre Herzfrequenz erhöhte sich, während sie sich beim Freudenbukett entspannten. Übrigens weiß man inzwischen, dass auch wir Menschen Angst riechen können, ohne dass es uns bewusst ist. Das nennt man Chemokommunikation. In ihrem spannenden Buch »Alles Geruchssache« erklärt die international renommierte Geruchsforscherin Professorin Bettina Pause, weshalb die olfaktorische Wahrnehmung von uns Zweibeinern gar nicht so weit entfernt von den Vierbeinern ist, wie landläufig vermutet wird.

Natürlich möchte ich, dass Flipper sich wohlfühlt, und das betrifft nicht nur seine physischen Bedürfnisse. Die sind leicht zu erfüllen. Ich muss mich also als Mensch so entwickeln, dass ich so oft wie möglich eine entspannte, gelassene Ausstrahlung habe, weil es meinem Hund damit am besten geht. Ganz schön tricky, du wedelnder Buddha, wie du Lebensfreude durch die Hintertür hereinschmuggelst. Das ist superschlau, denn ehrlich: Zu mir selbst bin manchmal nicht so nett, wie ich es gern zu Flipper bin.

Die Übertragung von Emotionen gehört zum Mitgefühl. Dass wir Handlungen erkennen und imitieren können, wird Spiegelneuronen zugeschrieben, bei Hun-

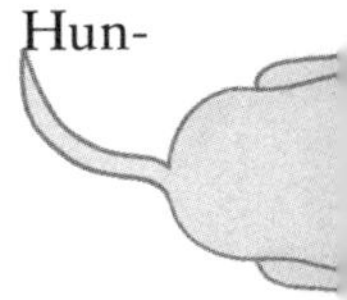

den wie Menschen. Früher glaubte man, das liege daran, dass die zielgenaue Einschätzung ihres Menschen für den Hund eine Art Überlebensstrategie wäre. Denn wenn ein Hund die Gefühle seines Besitzers gut einschätzen konnte und als braver Hund darauf reagierte, wurde er vielleicht besser behandelt. Heute ist man der Auffassung, dass die Ausschüttung des Bindungshormones Oxytocin dafür verantwortlich ist. Je mehr Zeit ein Mensch-Hund-Team miteinander verbringt, desto intensiver sind die Ausschüttung und die emotionale Übertragung. Oxytocin produzieren wir auch, wenn wir mit Vertrauten Nähe erleben – es trägt übrigens den schönen Namen Kuschelhormon. Ja, wir sind uns nah und vertraut, und wenn ihre Menschen weinen, dann reagieren Hunde darauf häufig mit intensivem Blickkontakt oder auch körperlicher Nähe, als wollten sie trösten.

Was ist denn mit dir, Frauchen, Herrchen? Kann ich dir helfen?

Hunde können es, was die soziale Entwicklung betrifft, mit Kindern im Alter bis zu drei Jahren aufnehmen. Ihre Beobachtungsgabe ist so ausgefeilt, dass sie wahrnehmen, was das Interesse eines artfremden Wesens weckt. Hierzu gibt es faszinierende Versuche, in denen Hunde beobachten, wie Menschen Dinge bewerten – mit freudigem oder angeekeltem Gesichtsausdruck. Wen wundert es, dass die Hunde im Anschluss jene Gegenstände apportierten, die ihre Menschen mochten.

Hunde treffen sogar eigene Entscheidungen, die zuweilen den Kommandos ihres Vorgesetzten widersprechen, zum Beispiel wenn ein Blindenhund stehen bleibt, obwohl sein Mensch ihm befiehlt, weiterzugehen. Aber der Mensch sieht die Gefahr nicht, die der Hund erkennt. Und der Hund weiß sogar, dass sein Mensch diese Gefahr nicht einschätzen kann. Ja, Hunde wissen sehr genau darüber Bescheid, was Menschen können. So schätzen sie die Fähigkeiten ihrer Besitzer ziemlich realistisch ein. Wenn in einem dunklen Raum, in dem sich ein Mensch und sein Hund aufhalten, zwei Futternäpfe stehen – einer davon beleuchtet –, schnabuliert der Hund aus dem unbeleuchteten Napf. Das heißt, dass er weiß, dass er im Dunkeln für seinen Menschen unsichtbar ist. Fragt sich nur, ob er es schafft, ohne Schmatzen zu genießen …

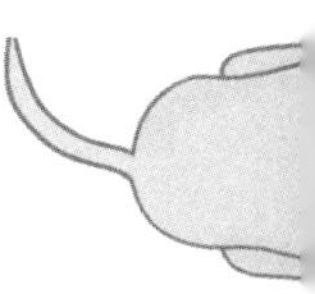

Friedensstifter

Mein bester Kumpel Pego ist ein Bastlerkönig und hat mir schon bei vielen handwerklichen Arbeiten geholfen. Doch es darf nichts schiefgehen. Wenn er eine Schraube nicht reinfummeln kann, wenn er was nicht findet, wenn etwas nicht klappt, dann neigt Pego zu Wutanfällen. Er schlägt auf ein Holzbrett, schmeißt den Hammer durch die Gegend, tritt mit dem Fuß an eine Tür. Einmal hat er sich den kleinen Zeh gebrochen, ein anderes Mal sogar die Hand. Und trotzdem konnte er solche Ausbrüche nicht kontrollieren. Bis der wedelnde Buddha ihn als Schüler aufnahm.

Pego nennt sich selbst den größten Flipperfan, und wenn ich einen Hundesitter brauche, hat er immer Zeit. Da seine Freundin allergisch auf Tierhaare reagiert, kann er selbst zu seinem großen Kummer keinen Hund bei sich aufnehmen. Umso größer seine Freude, wenn er Flipper sieht. Doch diese Freude war einseitig, denn Pegos Wutanfälle machten ihn für Flipper zu einem unberechenbaren Kandidaten. Flipper konnte ihn nicht einschätzen, er sah keinen Zusammenhang zwischen einer kleinen Feder, die immer wieder aus der Halterung sprang, und der Zange, die dann, begleitet von einem Fluch, durch die Luft flog. Einmal gingen wir zu dritt durchs Dorf und ein Auto fuhr viel zu nah an uns vorbei. Pego sprang dem Fahrer wild gestikulierend hinterher. Auch dafür hatte Flipper kein

Verständnis, geduckt stand er am Straßenrand. Hatte er was falsch gemacht? Pego bemühte sich seit seiner Pubertät, diese Ausbrüche in den Griff zu bekommen. Nichts funktionierte. … Bis ein wedelnder Buddha seinen Weg kreuzte. Seit über einem Jahr ist er nun schon »clean«, und ich bin überzeugt, er bleibt es. Denn neulich rutschte er mit einem Schraubenzieher ab und ratschte sich einen Triangel in den Zeigefinger. Spontan setzte er zu einem Höllenfluch an, holte tief Luft, sagte gepresst »Tralalalala«, und dann hatten wir einen Lachanfall, in den Flipper auf seine Weise, nämlich begeistert wedelnd, einstimmte.

Vermutlich hat Pego seit einiger Zeit auch eine andere Körpersprache. Hunde sind bekannterweise besonders begabt darin, den Gesichtsausdruck und die Körpersprache eines Menschen zu entschlüsseln. Sie können sogar zwischen bekannten und unbekannten Gesichtern unterscheiden. Doch erkennen sie auch Emotionen in Gesichtern? Das wollten Forscher und Forscherinnen der Veterinärmedizinischen Universität Wien wissen und zeigten Hunden auf einem Touchscreen verschiedene Gesichter, aber stets nur zum Teil. Die vierbeinigen Probanden sahen lediglich die untere oder obere Hälfte des Gesichts einer freudigen oder wütenden Person. »Unsere Studie belegt, dass Hunde zwischen wütenden und freudigen Gesichtsausdrücken bei Menschen unterscheiden können«, resümierte Studienautor Ludwig Huber. Ob sie dabei jedoch auch immer deren Bedeutung verstehen, sei noch unklar. Nun, was Flipper betrifft, habe ich da keine Zweifel, denn natürlich ist er für mich der beste, schönste, tollste und klügste Hund der Welt – wie jeder andere auch! Und dazu braucht er gar nichts zu tun, was er vermutlich des Öfteren ausnutzt. Es sei ihm von Herzen gegönnt.

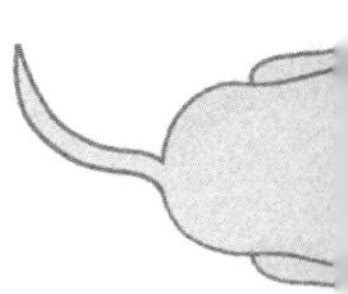

Wenn meine Hunde klein waren und lernen sollten, nicht zu betteln, imitierte ich stets einen hundlichen Stopp. Blitzschnell zog ich meine Oberlippe hoch und entblößte meine Vorderzähne. So warnen Hunde einander: bis hierhin und nicht weiter. Diese Geste funktionierte immer. Die Welpen waren zuerst etwas überrascht, dann leckten sie sich über die Schnauze und zogen sich zurück. Nur Flipper ließ sich nicht beeindrucken, was aber an mir lag. Er legte den Kopf schräg und betätigte den Augenbrauenheber. Da musste ich lachen, und er rückte mir wedelnd auf den Pelz. Vom Tisch fiel trotzdem nichts. Wenigstens diesbezüglich blieb ich konsequent. So konsequent wie Flipper darauf achtet, dass der Lassiefaktor nie zu kurz kommt und ich meinen Kindheitstraum leben kann. Ich und mein Hund. Mein Hund und ich. Danke.

Der wahre Buddha

Selig sind jene Menschen, die mit sich im Frieden leben. Es gibt kein größeres Glück auf Erden.

Ga-ga Gassi – Hunde sind geh-geh gelassen

Zu dem artgerechten Leben, das ich mir für einen Hund vorstellte, gehörte, als Flipper zu mir kam, die Morgenrunde, und zwar vor dem Frühstück. Auch hier war Flipper anderer Meinung. Exkursionen mit leerem Magen lehnte er strikt ab. Das Haus verlassen auf keinen Fall vor zehn, idealerweise kurz vor elf, so sein Statement, das unübersehbar in der Luft vor seinem Schaffell vibrierte. Statt *Hier wache ich* ein *Hier ruhe ich.* Manchmal auch ein *Bitte nicht stören.*

Mit meinem immer feiner spürenden Herzen respektierte ich das, nicht immer, aber sehr oft. Denn etwas zu begreifen, heißt ja noch lange nicht, dass man sein Verhalten gleich ändern kann. Auch bei Pego hat es gedauert. Man sagt, dass es mindestens sechs Wochen braucht, ehe man ein neues Verhalten etabliert hat. Nun, Flipper war meine beste Motivation – und wir motivierten uns gegenseitig. Wenn ich ihn in einem hohen Tonfall ansprach, ein bisschen durchs Zimmer sprang, dann machte er sofort mit, sogar vor zehn Uhr. Doch wenn ich das unterließ, signalisierte er mir, dass er den Morgen gern für sich hatte. Wie war ich glücklich, dass ich diese Botschaft empfangen hatte, anstatt ihm meine Vorstellungen davon, wie es sein sollte, überzustülpen. Zumal sie meinen eigenen

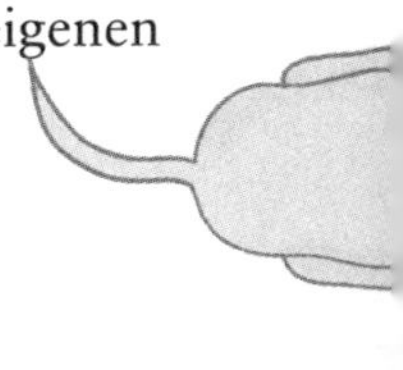

Bedürfnissen zuwiderliefen. Verrückte Welt. Ich hätte Flipper abbusseln können.

Alles zu seiner Zeit – damit machte Flipper mir ein großes Geschenk. Ich hatte vor Monaten wieder zu meditieren begonnen, idealerweise morgens und abends. Morgens machte ich auch gern Yoga. Doch das ließ sich mit einem Hund im Haus nicht durchführen – glaubte ich. Mit einem Hund im Haus gehörte der Morgen nicht mir, sondern dem Hund, glaubte ich. Erst den Hund versorgen, also eine Runde Gassi gehen. Danach trank ich lieber Kaffee, als die Yogamatte auszurollen. Wie der Stock eines Zen-Meisters zeigte mir Flippers Rute, die sich nicht bewegte, wohin ich nach dem Aufwachen gehörte: auf die Yogamatte.

Okay Frauchen, wenn es dir hilft, dann pinkle ich meinetwegen einmal in den Garten, damit du beim Meditieren nicht ständig an meine Blase denkst. Aber dann würde ich doch gern noch ein wenig pofen.

Also schlief er weiter und ich machte Yoga und konnte mein Glück überhaupt nicht fassen. Dass das möglich war! Dass er mich nicht störte. Es dauerte lang, bis mir klar wurde, dass mich Flipper gar nicht stören konnte. Ich war es, die mich immer wieder selbst störte mit meinen komischen Vorstellungen vom Zusammenleben mit einem Hund.

Erst wenn ich nach meinen Morgenritualen in die Küche kam, begann er sich zu räkeln. Fast kam es mir so vor, als müsste ich ihm eine Bestätigung vorzeigen. Hier, bitte schön, ich hab's gemacht. Wenn dann die Kaffeemaschine gurgelte, fing er mit seinem Yoga an und absolvierte Dehnübungen. Sobald ich den Napf holte, stand er richtig auf, schüttelte sich und setzte sich neben sein Schaffell. Von dort schaute er mir beim Zubereiten seines Frühstücks zu. Er bellte nicht, er fiepte nicht, er rieb sich nicht an meinen Beinen, er war nicht aufgeregt.

Leute, warum auch? Ich krieg mein Frühstück, das ist kein Grund für einen Herzkasperl!

Ganz zu Beginn unseres Zusammenlebens schoss mir manchmal ein Gedanke durch den Kopf, der mir Angst machte: Vielleicht war er doch krank? So benahm sich doch kein normaler Hund. Nein, er war halt anders. Er war Flipper. Und das durfte er sein, und auf genau diese Persönlichkeit war ich neugierig.

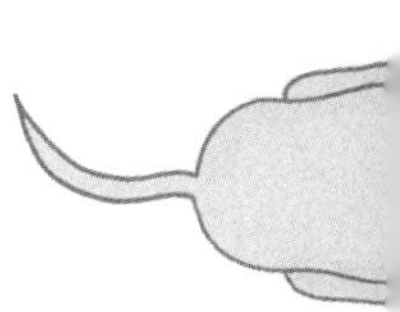

Wenn ich den Napf dann abstellte und »Lass es dir schmecken« sagte, ging er hin und schlang alles in atemberaubendem Tempo runter. Das faszinierte mich erst recht, denn aufgrund seines Benehmens davor hätte man eher einen Gourmet denn einen Gourmand erwartet. Und dann legte er sich wieder hin, und ich konnte meine kreativste Zeit des Tages, nämlich den Morgen und Vormittag, mit Buchstaben füllen.

Meine beste Schreibzeit gehörte mir! Danke!!! Danke, dass du meinen gaga Plan vom artgerechten Hundeleben über den Haufen geworfen hast. Den du manchmal auch erst um halb zwölf absetzt. Denn wenn ich beim Schreiben im Flow war, schaute ich nicht auf die Uhr. Dann musste Flipper eben warten, aber ich nahm mir das nicht übel. Doch wartete Flipper überhaupt?

Nein, er genoss sein Nickerchen nach dem Frühstück. Sobald ich aber vom Schreibtisch aufstand, war er geladen wie eine Batterie Duracell-Hasen. Schalter umgelegt und er vibrierte vor Energie. Monsieur 10 0000 Volt war bereit und ich war es auch, weil ich bis dahin schon eine Menge geschafft hatte. So war der Morgenspaziergang nichts, was ich irgendwie in den Vormittag quetschte, um dem Hund gerecht zu werden, sondern ein Vergnügen für uns beide, das wir geradezu feierten. Weil wir beide dazu bereit waren.

Schnupperkurs

Staunend lernte ich nach und nach, dass dieses vierbeinige Überraschungsei zwar durchaus geregelte Abläufe schätzte, doch kein bisschen auf sie angewiesen war. Flipper konnte vor oder nach dem Frühstück Geschäfte erledigen, er war unkompliziert und anpassungsfähig. Ganz anders meine Glaubenssätze, was ich ihm bieten musste, weil ich doch alles richtig machen wollte. Für ihn? Oder für mich? Vermutlich war ich der Hund bei uns, der es schätzte, wenn seine lieben Gewohnheiten eingehalten wurden. Durch Flippers scheinbar seltsames Benehmen war mir aufgefallen, wie viele Dinge ich immer auf die gleiche Weise machte, ohne das zu hinterfragen. Manches davon war sicher gut, anderes aber eben nur eine Gewohnheit, und die konnte schnell in die Bequemlichkeit kippen. Das vertrug sich nicht mit der Bewusstheit, die ich anstrebte.

Natürlich würde ich diesen idealen Mitbewohner nicht mehr hergeben! Ganz im Gegenteil fragte ich mich allen Ernstes, wie ich es überhaupt einen einzigen Tag ohne Hund ausgehalten hatte. Wie es manchmal so ist im Leben, war er das Puzzleteil, das mir gefehlt hatte, um meine Situation zu begreifen. Ich musste nicht schneller arbeiten oder mehr tun, um zum Ziel zu kommen, sondern langsamer leben. Und obwohl ich wirklich sehr viel Zeit mit Flipper verbrachte, ging mir alles leicht von der

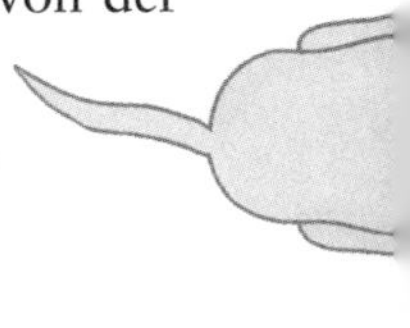

Hand. Gewiss, er döste und schlief viele Stunden des Tages, doch nicht selten saß ich an seinem Hundekorb, auf dem Sofa oder am Schaffell und beobachtete seinen Schlaf. Wie die kleinen Pfoten zuckten, die noch keine hundert Kilometer draufhatten. Wie er im Traum etwas verspeiste oder trank. Oder bellte, der ganze kleine Leib vibrierte. Und wenn ich dann aufstand, war ich erquickt, als hätte ich selbst ein Nickerchen gemacht.

Wie gern hätte ich gewusst, was er träumte. Es hat mich immer fasziniert, wie man träumenden Hunden ansieht, in welcher Welt sie gerade unterwegs sind. Oder es glaubt. Sie schmatzen und kauen, die Ballen an ihren Pfoten tanzen, die Ohren zucken. Auch wenn ich als Mensch im Schlaf manchmal zucke, so hat mir noch niemand erzählt, dass er aus meinen Bewegungen Rückschlüsse ziehen könnte. Auweia, wäre das peinlich. Doch Flipper denkt ja nicht daran, dass er beim Schlafen beobachtet werden könnte. Er ruht in sich. Wie beneidenswert! Und was für ein Wunder, dass mir dieses Tier, das in einer ganz anderen Wirklichkeit lebt als ich, mit ganz anderen Wertigkeiten, Regeln, Erfahrungen, so sehr vertraut, dass es sich mir vollständig ausliefert. Immer wieder signalisierte mir der kleine Hund, dass er sich bei mir geborgen fühlte. Ob ich mit dem Staubsauger herumfuhrwerkte oder etwas mit einem lauten Knall zu Boden fiel. Nie sprang er auf. Er warf mir einen Blick zu, so was wie:

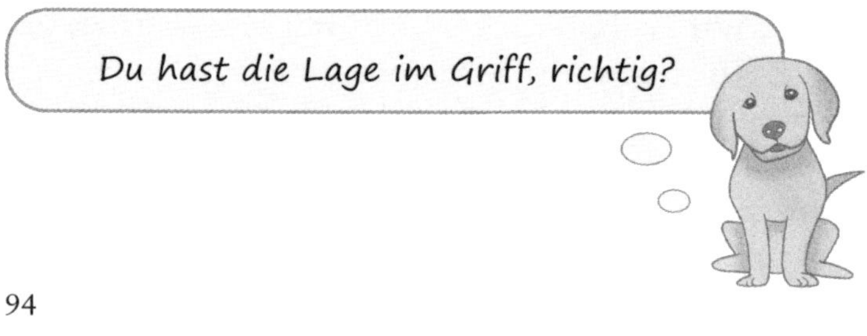

Und dann döste er entspannt weiter. Mein lieber kleiner Buddha. Der du im Jetzt bist und mir so viel Freude schenkst. Ohne den ganzen theoretischen Unterbau zu kennen. Du hast ihn schon verkörpert. Und wenn ich dich in deinem süßen Hundeleib anschaue, dann ist das Leben überhaupt kein Leiden. Doch es gibt ja einen Ausweg daraus. Wenn wir uns der Wahrheit stellen, dass Leben Leiden ist, so die Buddhisten, können wir uns in der zweiten edlen Wahrheit auf die Suche nach den Ursachen machen. Diese liegen vor allem in Unwissenheit, Verlangen und Ablehnung.

Wenn wir diese Ursachen erkennen und beseitigen, endet das Leid, dieser Zustand wird als Nirwana bezeichnet. Die vierte edle Wahrheit besagt, dass das Leben ein Work in Progress ist. Wir sind nie fertig, deshalb ist das Leiden auch nicht unser Feind, sondern unser Freund. Am Leid können wir lernen. Leiden ist menschlich, es gehört einfach dazu. Das verdeutlicht folgende Geschichte:

Eine Frau, deren Kind gestorben war, suchte Hilfe bei Buddha und fragte ihn, ob er ihr Kind wieder lebendig machen könnte. Daraufhin riet Buddha ihr, sie sollte sich auf die Suche nach einem Menschen begeben, der noch keinen geliebten Menschen verloren hätte. Das machte die trauernde Mutter und kehrte schließlich zu Buddha zurück mit dem Wissen, dass es niemanden gab, der keinen Todesfall zu beklagen hatte. Diese Tatsache schenkte ihr Trost. Sie war nicht allein, ihr Leid wurde von vielen anderen geteilt.

Leiden hat nicht den Zweck, uns zu quälen, es stellt unsere Fähigkeiten auf die Probe. Was können wir lernen? Wie können wir uns weiterentwickeln? Spätestens, wenn wir gegen unsere Natur, gegen unsere innere Stimme leben,

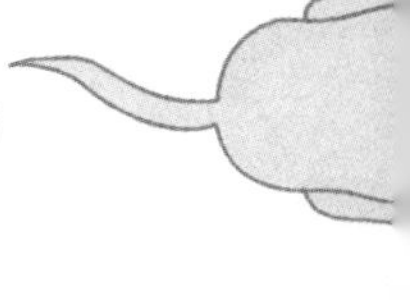

werden wir gewarnt. Da springt eine Alarmanlage an – man kann hellhörig darauf reagieren oder sie jahrelang überhören. Ich glaube, mit einem Hund an der Seite ist es schwierig, den Alarm zu ignorieren, den er dank seiner feinen Ohren schon wahrnimmt, wenn er für uns noch lange nicht hörbar ist. Denn ein Hund in einer harmonischen Sozialpartnerschaft symbolisiert das gute Leben und fordert uns immer wieder auf, uns darauf zu besinnen. Ja vielleicht sogar, uns auf den edlen achtfachen Pfad zu begeben, auf dem wir zu einem leidfreien Leben gelangen können. Oder anders ausgedrückt: Der achtfache Pfad ist ein Weg zur Erleuchtung. Davon bin ich gewiss meilenweit oder viele Leben entfernt. Aber ich habe dennoch gemerkt, wie gut es tut, die menschenfreundlichen Ideen, die in allen Religionen stecken, in die Tat umzusetzen. Doch nur allzu oft verlaufe ich mich. Gut, dass Flipper die Fährte konfessionsübergreifend immer wieder findet, und so folge ich meinem Herzenshund auf seinem Schnupperkurs.

Der wahre Buddha

Wenn du verlierst, ... dann verliere dennoch nie die Lektion, die du lernen konntest.

Das Kreuz mit dem Jesus

Ohne es zu wissen, lief ich neulich mit Flipper einen Pilgerweg entlang. Nach der dritten Menschengruppe mit Kreuzen in den Händen erkundigte ich mich und erfuhr, dass sie auf dem Weg zu einer Waldkapelle waren. Da wollte ich nicht stören und bog in einen kleinen Pfad ab, wo ich Suchspiele mit Flipper machen wollte. Das liebt er über alles. Leider hatte ich sein Lieblingsdummy nicht dabei. Ich überlegte kurz, ob ich den Autoschlüssel riskieren sollte, doch der war für ihn schwierig zu transportieren, was mir auch lieber war, wenngleich ich Flippers Findeeigenschaften völlig vertraue. Ich musste also Federn lassen und zog meine Socken aus, die ohnehin viel zu dick für die frühlingshaften Temperaturen waren. Flipper wusste schon, was gleich passieren würde, und er wusste auch, dass die Freude nicht schneller begönne, wenn er sich wie wild gebärdete. Mit seiner jahrelangen Meditationserfahrung, die er vorzugsweise im Garten oder auf seinem Schaffell praktizierte, setzte er sich ruhig ins Moos und ließ mich gewähren.

Fünf Minuten lief ich außer Flippers Sichtweite zickzack durch den Wald und versteckte meine beiden Socken in großem Abstand. Zurückkehrend erwartete mich ein vibrierender Hund, dessen Rute einen Scheibenwischerhalbkreis in den Waldboden gewedelt hatte. Sein intensiver Blick bohrte sich förmlich in mich. Ich genoss

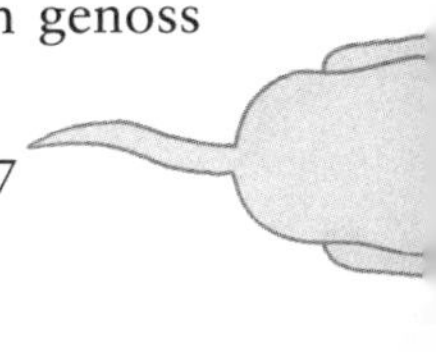

diese Sekunden totaler Anspannung, ehe ich die Ampel auf Grün schaltete und ihn mit einer Handbewegung losschickte. Wie von einer gespannten Feder abgeschossen raste er los.

In diesem Augenblick kam eine Pilgergruppe den Pfad entlang. Blöd gelaufen. Die wenigsten Menschen finden es toll, wenn ein Hund auf sie zurast. Ich rief den beiden Frauen und dem Mann zu, dass sie keine Angst zu haben brauchten, dass mein Hund kein Reh jagte, sondern ich etwas versteckt hätte.

»Ach, das ist ja interessant«, meinte der Mann. Es stellte sich heraus, dass keiner der Drei irgendetwas über Hunde wusste. Oder wissen wollte.

»Ich bin als Kind von einem Hund gebissen worden«, erzählte mir die Frau. Der Klassiker. Seither hatte sie so große Angst vor Hunden, dass sie auch nichts unternehmen wollte, um diese Angst in den Griff zu kriegen. Wortreich erzählte sie mir, wie schrecklich es sei, dass es immer mehr Hunde gebe, dass keiner der Halter auf Menschen wie sie Rücksicht nehme. Und das, wo man doch wisse, wie oft es zu Angriffen von Hunden auf Menschen komme. Und der Gesetzgeber lasse einen mal wieder völlig im Stich. Da hatte sie zum Teil zwar recht, doch den anderen Teil konnte ich so nicht stehen lassen. Ich fühlte mich geradezu berufen, etwas zur Ehrenrettung meiner vierbeinigen Freunde beizutragen. Denn von einem Hund auf alle zu schließen, ist ungerecht.

Aber wo steckte Flipper? Gewiss, es war ein schwieriges Gelände und ich hatte einen Socken in eine Astgabel gelegt, den anderen mit Laub bedeckt. Also kein leichter Job. Aber er konnte meiner Fährte folgen. Eigentlich müsste er längst da sein. Fast war es mir vor den drei

Leuten peinlich, dass er so lange brauchte. Doch die Pilger schwärmten nun ihrerseits aus. Wollten sie Flipper helfen? Sie wussten doch gar nicht, was er finden sollte.

»Suchen Sie was?«, fragte ich.

»Ja, wir haben leider etwas verloren«, antwortete die Freundin von Hundeangst. »Deshalb gehen wir noch mal zurück. Wir wollten vorhin eine Abkürzung nehmen und haben eben erst gemerkt, dass unser Kreuz weg ist.«

»Das wollten wir nämlich segnen lassen«, ergänzte der Mann, der eine große Ähnlichkeit mit Frau Hundeangst hatte. Geschwister oder Ehepaar, dachte ich. Und ob die drei wohl denken würden, dass Flipper mir ähnlichsah oder ich ihm, wenn er dann freundlicherweise mal auftauchte.

Und da kam er schon angeschossen. Heftig wedelnd raste er auf mich zu, etwas Komisches im Mund, an dem zwei Socken im Galopp auf und ab hüpften. Der ganze Hundeleib strahlte vor Stolz. Hoppla, jetzt war ein Socken runtergefallen, Flipper merkte es gleich, kehrte um, packte ihn irgendwie, machte ein paar große Galoppsprünge und setzte sich erwartungsvoll vor mich, um die Ladung abgenommen zu bekommen, ein breites Glücksgrinsen im Gesicht.

»Der Hund frisst mir den Jesus auf!«, gellte die Frau, die Angst vor Hunden hatte, während ihre Freundin laut herausplatzte und der Mann oder Bruder ein ums andere Mal »Um Gottes willen« stöhnte. Auch ich stöhnte, aber vor Lachen. Flipper verstand diese Reaktionen nicht. Hey, er hatte einen Superjob gemacht, mehr ausgeliefert, als auf seiner Packliste gestanden hatte. Ich versuchte, mich zu beherrschen, nahm ihm ruhig das Apportiergut ab und lobte ihn sehr. An meiner Jeans rieb ich ein wenig

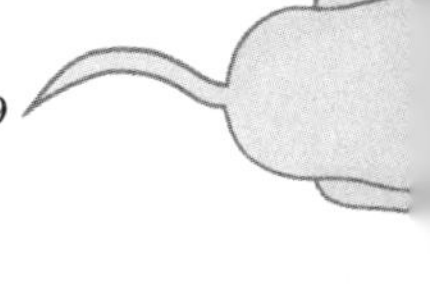

Hundeschmodder vom Jesus ab und reichte ihn der Frau. »Haben Sie den gesucht?«, fragte ich.

Konnte es einen besseren Beweis für die Freundlichkeit und Ungefährlichkeit eines Hundes geben? Flipper, dem Beißwütigkeit unterstellt worden war, hatte Jesus gerettet! Ein Musterbeispiel an Friedfertigkeit! Gelebte Nächstenliebe, da gab es doch sogar ein Gebot? Mir fiel nur ein: Du sollst nicht töten. Aber der Jesus am Kreuz war ja schon tot gewesen. Vielleicht würde Flippers Engagement das Vorurteil der Frau erweichen und sie könnte Hunde in Zukunft etwas differenzierter betrachten? Und konnte das alles Zufall sein? Wieso hatte Flipper Jesus apportiert? Denn so schön die Geschichte gewesen wäre von dem klugen Hund, der der ungerechten Frau zeigen will, dass sie im Irrtum ist. Und die Moral von der Geschichte … und wenn sie nicht gestorben sind … und so weiter. Aber so konnte es nicht gewesen sein. Der Jesus musste einen besonders verlockenden Duft verströmen. Nun ist aber bei Verlockungen eher vom Teufel als vom Jesus die Rede. Das war schon ein Kreuz mit diesem Kreuz.

Der Mann brachte Licht ins Dunkel. Des Rätsels Lösung hieß Schinkensemmel. Der Jesus war nämlich im Rucksack der Frau neben den Schinkensemmeln gelegen. Ich wusste gar nicht mehr, wie ich ernst bleiben sollte, was mir aber angebracht schien, da die drei Pilger sehr ernste Mienen an den Tag legten. Ich erfuhr, dass es bei ihrer Brotzeit abseits des Pilgerwegs an einer Lichtung passiert sein musste. Da musste ihnen der Jesus aus dem Rucksack gerutscht sein. Und damit haderten sie. So was durfte einfach nicht passieren. Frau Angsthund rubbelte noch immer am Jesus, obwohl ich ihn ihr tadellos blank gerieben überreicht hatte. Schließlich zog sie eine Lehre aus dem Geschehenen. »Das war ein Zeichen«, nickte sie bedeutsam und erklärte: »Ich war in Gedanken ganz woanders. Nicht auf dem Pilgerweg. Das ist ein Wink, dass ich achtsamer sein muss.«

»Aber es ist ja gut ausgegangen«, sagte ihre Freundin. »Und ich glaube auch nicht, dass das ein Zufall war. Schau doch mal Annamaria, dass ausgerechnet ein Hund uns den Jesus wiederbringt.«

Ich wollte einwerfen, dass Flipper eher an der Schinkensemmel denn am Jesus interessiert war, beschloss dann aber, zu schweigen. Wie Flipper, der sich nicht für unseren religiösen Diskurs interessierte, sondern nur eines wollte, wie ich vermutete: noch mal grüne Ampel, damit er weitersuchen konnte.

Frau Hundeangst wollte überhaupt nichts mit Flipper zu tun haben, während der Mann nun den Rucksack öffnete und eine ganze Scheibe rosa Kochschinken von einer gebutterten Semmel zog. So schnell, wie er sie Flipper zuwarf, konnte ich gar nicht schauen. Mein empörtes »Nein« kam später, als Flipper schluckte. Irritiert schaute der Mann mich an.

»Wenn Sie einem Hund etwas geben, dann müssen Sie vorher fragen!«

»Wieso? Hunde sind doch Allesfresser, oder?«

»Er könnte eine Allergie haben«, sagte ich und mochte mich selbst nicht für diese Antwort. Flipper setzte sich vor den Mann, um ihm zu zeigen, dass er ganz gewiss keine Allergie hatte.

Die Freundin von Frau Hundeangst hatte nun auch eine Erklärung für Flippers Verhalten gefunden. Er war nämlich, wie sie uns mitteilte, ein Geschöpf Gottes wie alle Tiere. Und vielleicht hätte sie ihr Vogelhäusl im Garten

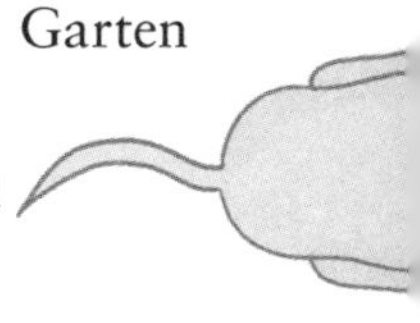

nicht abhängen sollen. Vielleicht würde sie es doch wieder aufhängen. Weil es doch immer weniger Insekten gab.

Der Mann nickte mit Sorgenfalten auf der Stirn und dozierte, dass zehn Prozent mehr Vögel in einem Gebiet sich genauso positiv auf die Lebenszufriedenheit auswirkten wie ein um zehn Prozent höheres Einkommen.

»Was du alles weißt, Hans-Eberhardt!«, staunte die Freundin.

Und Hans-Eberhardt erklärte, dass aus dieser Rechnung auch alle Faktoren wie Familienstand, Gesundheit und Arbeitslosigkeit herausgerechnet worden wären. »Da beißt die Maus keinen Faden ab: Artenreichtum ist ein wichtiger Faktor für psychische Gesundheit.«

Flipper schaute mich, ich würde behaupten, gequält an, während es mir mit dem Trio immer besser gefiel. Aber war das überhaupt ein realer Dialog? Oder war ich bei versteckter Kamera? Nun, da würde ich doch gern mal mitspielen. Mit ernster Miene sagte ich: »Nein, er hat gar keine Allergie. Wissen Sie, er ist Buddhist und als solcher verzichtet er auf Fleisch.«

»Das hat aber anders ausgesehen«, meinte der Mann.

»Verzicht ist ja nicht unbedingt etwas, das uns leichtfällt. Man muss es üben, immer und immer wieder üben. Führe uns nicht in Versuchung«, schloss ich mit der Erinnerung an meine Religionslehrerin Frau Schenkel. Der Name ist auch kein Witz, sondern so wahr mir Gott helfe.

»Es gibt auch veganes Hundefutter, das habe ich in der Werbung gesehen«, erinnerte sich die zukünftige Vogelfütterin.

»Mir macht das jetzt nichts aus, wenn auf der Semmel nur noch Butter ist«, sagte Frau Hundeangst. Sie zögerte, schaute Flipper zum ersten Mal wirklich an.

»Aber dank dir recht schön, dass du mir meinen Jesus wiedergebracht hast. Ich würde dir auch meine Buttersemmel geben, wenn du keine Butterallergie hättest.« Sie kicherte. Die anderen zwei brachen in lautes Gelächter aus, schauten mich an, schauten sich an und lachten noch wilder. Schließlich prustete die Vogelhäuschenfrau: »Das war ein Insiderwitz.«

Ich fragte nicht nach, weil ich bei Kochschinkenwerfern und Tierfutterveganern gar keine Insiderin sein will. Sollen sie ihr Leben leben, ich leb meines – Friede für alle.

Zum Abschied schüttelten wir höflich die Hände. Beim Weitergehen dachte ich, dass mir diese Begegnung vermutlich niemand glauben würde. Allein Flipper war mein Zeuge. Dann überlegte ich mir, was die drei wohl über unsere Begegnung erzählen würden. Wenn sie es überhaupt erzählten, denn der verlorene Jesus war ihnen ja sichtlich peinlich. Aber man konnte auch ohne Jesus im Wald eine durchgeknallte Frau mit einem unerzogenen Hund treffen, der unkontrolliert durchs Unterholz stöberte und einem Schinkelsemmeln aus der Hand riss, weil er ein Buddhist ist.

Ich lachte, Flipper wedelte unsere Welt wieder ins Lot. Du sollst nicht töten, flüsterte ich. Das war mit ziemlicher Sicherheit das erste Gebot. Und das zweite? Frau Schenkel wäre nicht zufrieden mit mir. Dabei hatte ich stets eine gute Note, denn ich liebte ihre Geschichten. Vor allem die von Jona und dem Wal.

In meinen buddhistischen Büchern hatte ich auch viele schöne Geschichten gelesen, Gleichnisse eigentlich. Sehr inspirierend fand ich die vom Elefanten und den vier Blinden. Der eine Blinde berührt das Bein des Elefanten und sagt: »Dieses Wesen hier gleicht einem mächtigen

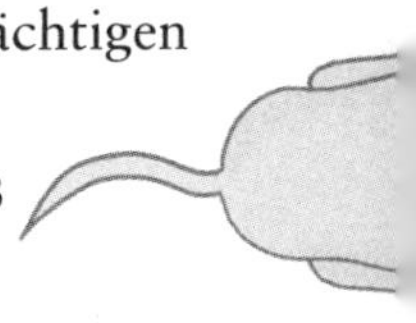

Baumstamm.« Ein anderer betastet die Schwanzspitze des Tieres und gelangt zu der Auffassung, bei dem Tier handle es sich um einen lebenden Pinsel. Der dritte Blinde untersucht das Ohr und kommt zu dem Schluss, dass er es mit einem lebenden Palmblattfächer zu tun habe. Der letzte Blinde, der den Rüssel befühlt, erkennt ohne Zweifel ein Rohr. Wer hat recht?

Ja, wer hat recht? Welche Religion hat recht? Der Buddhismus verlangt, und das finde ich sehr sympathisch, weder ein Bekenntnis zum Glauben noch eine Mission oder Bekehrung. Eine Religion als die einzig wahre zu betrachten, halten Buddhisten zudem für einen Irrweg. Jeder Mensch sollte für sich versuchen, auf seinem ganz eigenen Lebensweg sich und andere respektvoll zu behandeln, egal, welcher Religion sie angehören. Dabei gilt Buddhas Botschaft, dass allein die guten Taten zählen, für alle, egal ob Millionär oder Pfandflaschensammler. Wichtig ist nur, wie man lebt. Aber das gilt wiederum für alle Religionen, die uns Menschen das Leben erleichtern möchten, sogar wenn wir dafür ein Kreuz tragen. Die einen vergeben dazu ein One-Way-Ticket, bei anderen kann man ein Abo lösen, und dazu gehört neben dem Hinduismus auch der Buddhismus.

Der wahre Buddha

Wenn du wissen möchtest, wer du gewesen bist, dann schau, wer du bist. Wenn du wissen willst, wer du sein wirst, dann schau, was du tust.

Kennen wir uns? – Hunde und Reinkarnation

Hey, du Flipper, du! Bist du wirklich »bloß« Flipper oder stecken auch deine Vorgänger in dir? Nicht nur die vierbeinigen, sondern auch die zweibeinigen?

Mir sind schon mehrfach Hundeleute begegnet, die überzeugt davon waren, dass in ihren Hunden alte Bekannte weiterlebten. Ja, sogar verstorbene Ehemänner. Ich muss gestehen, dass ich den Gedanken reizvoll finde, dass man sich immer wieder trifft. Dann gäbe es keine endgültige Trennung, die so sehr schmerzt. Doch diese Trennung wird im Buddhismus ohnehin als Illusion betrachtet. Hier heißt es: Alles ist mit allem verbunden.

Nach buddhistischer Vorstellung ist unser Erdenleben kein einmaliges Gastspiel, sondern alle Lebewesen befinden sich in einem Kreislauf von Existenzen, von Tod und Wiedergeburt, und zwar so lange, bis wir unseren Geist von allen karmischen Eindrücken gereinigt haben. Dann verlassen wir die Schule namens Erde und gelangen ins Nirwana, wo es weder Tod noch Wiedergeburt gibt. Doch bis dahin haben wir noch viele Gelegenheiten, gutes oder weniger gutes Karma zu sammeln. Davon abhängig wird unser nächstes Leben aussehen, und unser jetziges Leben beruht auf karmischen Ursachen aus anderen Leben. Gutes Karma aus vergangenen Leben weist auf eine Wiedergeburt

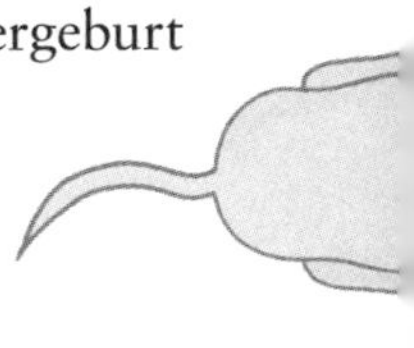

in angenehmen Verhältnissen. Wobei es auch sein könnte, dass das, was wir für angenehm halten, nicht förderlich für den Erwerb guten Karmas ist. Und dass gerade ein unangenehmes Leben einen auf der Karmaleiter weiterbringt. Genauso, wie Menschen nach gemeisterten Krisen feststellen, dass sie sich zu ihrem Vorteil verändert haben.

Am buddhistischen Weltbild gefällt mir, dass es über den Napfrand der derzeitigen Existenz hinausblickt. Wie weit uns »nach mir die Sintflut« gebracht hat, ist bekannt. Wenn ich mir jedoch vorstelle, dass alles, was ich in diesem Leben tue, Auswirkungen auf spätere Leben hat. Wenn ich mir ausmale, dass ich alle meine Taten und Worte darauf ausrichten kann, gutes Karma zu sammeln, und wenn ich mir vorstelle, dass das alle tun würden … ja, dann, dann würde die Welt bestimmt anders aussehen.

Ob Menschen als Tiere zur Welt kommen können und Hunde als Menschen, darüber gibt es verschiedene Auffassungen. Vermutlich würde man annehmen, dass ein Mensch, der als Hund geboren wird, eher schlechtes Karma angehäuft hat in seinem Vorleben. Vielleicht ist es aber auch genau andersrum und die Existenz als Hund ist die Vorstufe zum Paradies. Ein paar ihrer Eigenschaften weisen darauf hin. Oft schon habe ich mir gewünscht, Hund zu sein, vor allem, wenn etwas Unangenehmes bevorstand und ich zum Beispiel lieber daheim auf dem Sofa geblieben wäre. Oder wenn ich wieder mal von Gedankenläusen gepiesackt wurde und dauernd komisches Zeug dachte. Wenn ich Geld verdienen, die Steuererklärung vorbereiten, Fensterputzen sollte. Wenn ein Abgabetermin für ein Manuskript nahte, während Flipper nur Abgabetermine für seine Verdauung hatte. Ja, Hund bei mir selbst, das täte mir zur Abwechslung mal gefallen!

Rollentausch

Morgens räkle ich mich auf meinem weichen Lager, das alle paar Tage ausgebürstet und ausgeschüttelt wird. Man muss sagen: Der Service in dieser Sternenhütte ist meistens prima. Vorfreudig gähne ich ein paarmal, da geht schon die Tür auf und sie kommt herein. Ganz so, wie das in einem meiner früheren Leben als Mensch war. Da hatte ich allerdings nicht nur eine Dienerin, sondern mehrere. Wenn ich mich recht erinnere, wohnte ich in der Nähe von Paris, die Hütte hieß Versailles, hatte siebenhundert Zimmer und wir waren alle völlig durchgeknallt. Der Rudelchef nannte sich Sonnenkönig, hatte sich alle Zähne ziehen lassen und stank bestialisch. Zum Glück war ich nur ein kleines Licht in der Adelei. Dennoch war ich von Bediensteten umgeben, die mir rund um die Uhr beistanden, so ähnlich wie meine aktuelle Dienerin. Gewiss, es war eine nette Erfahrung als Zweibein, doch ich bin so froh, dass ich es in diesem Leben zum Hund geschafft habe. Von allen Daseins-

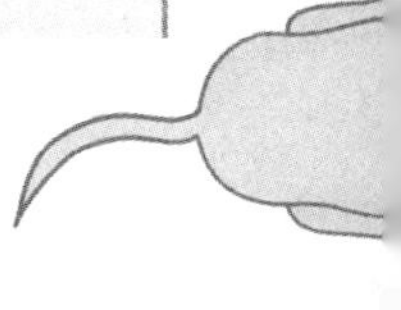

formen, in die ich im Laufe vieler Reinkarnationen hineingeschmeckt habe, ist mir diese einfach die Liebste – vorausgesetzt, es ist kein klassisches Hundeleben.

Während ich eine kleine Morgenrunde durch den Garten drehe, bereitet die Dienerin mein Frühstück vor. Ich werfe einen kurzen Blick in die Zeitung, lese aber nur ein paar Headlines. Aha, es gab einen Grenzkonflikt unter Mardern und die Nachbarskatze hat Durchfall. Am Gartenzaun hinterlasse ich eine kurze Notiz für Molly, die offensichtlich noch keinen Kontrollgang in ihrem Anwesen getätigt hat, und finde mich dann vorfreudig in der Küche ein, wo mir die Dienerin mein Frühstück serviert.

Die Küche hier in der Sternehütte ist nicht unbedingt ein Gaumenschmaus, aber solide Hundskost, für meinen Geschmack etwas zu gesund. Was mir gar nicht gefällt, ist, dass es keine Zwischenmahlzeiten gibt. Das Buffet wird immer gleich abgeräumt, da wird nichts stehen gelassen für den kleinen Hunger zwischendurch. Natürlich weiß ich, dass das gesünder ist, trotzdem habe ich nur vier statt fünf Sterne vor die Haustür gepinkelt. Nach dem Frühstück pflege ich, zu ruhen, während sich die Dienerin vierteilt für Housekeeping, Sekretariat, Callcenter und Buchschreiben.

Sie hat eine komische Art, mein Futter zu verdienen. Ich schalte mich gelegentlich in ihr Gehirn, aber nur kurz – länger halt ich das nicht aus. Gesund kann das nicht sein. Die Bedauernswerte ist nämlich nie dort, wo sie wirklich ist. Physisch sitzt sie vor dem Bildschirm, auf dem sie Tausende von Ameisen fabriziert, die in langen Reihen festgetackert werden. Doch der Rest von ihr ist immer woanders. Sie spürt nicht ihre Füße auf den Holzdielen, dass sie auf einem Stuhl sitzt, spürt nicht ihre Finger, die so eifrig tippen, oder ihre verspannten Schultern und vor allem nicht ihren Atem.

Das ist sowieso ein Problem bei ihr. Dass sie zu selten wahrnimmt, was ist. Was in ihr ist, was um sie ist. Ne, da muss ich mich gleich mal schütteln. Bin ich froh, dass ich kein Zweibein bin! Wer heute als solches inkarniert ist, hat kein beschauliches Dasein, denk ich mir manchmal. Viel zu viel Stress und viel zu wenig Muße für die Dinge, die das Leben lebenswert machen. Deshalb bin ich so froh, dass ich diesmal nicht die, sorry, Arschkarte Zweibein, sondern den König gezogen habe als Hund. Ich darf nicht nur alle fünfe gerade sein lassen, ich kann es sogar, zählt man meine Rute dazu. Ich kann einfach leben. Pur Leben. Mich mit dem beschäftigen, was ist. Muss mir nichts ausdenken. Weder um Geld zu verdienen, noch aus Gewohnheit. Was wäre, wenn – das ist ein sehr beliebter Gedankengang bei Zweibeinern. Was wäre, wenn dies und jenes gewesen oder nicht gewesen wäre. Was wird sein, wenn dies und jenes sein wird oder nicht.

Wie kann man sein Leben nur so verpassen?

Wenn ich die A-Karte gezogen hätte, würde ich es genauso machen, ich weiß doch, wie das Spiel läuft. Und ich weiß auch, was mein Job in diesem Spiel ist: Ich erinnere die bedauernswerten Wesen, die als Menschen inkarnierten, an alles, was das Leben so lebenswert macht. Und immer wieder finde ich für meine Menschen das, was sie am häufigsten verlieren: das Jetzt.

Hunde leben im Jetzt, heißt es. Das stimmt nur zum Teil, sonst könnte ich mich nicht an meine Zeit in Versailles erinnern und wäre nicht aufrichtig dankbar, dass die heutige Dienerin mir einmal in der Woche die Zähne putzt. Dem Sonnenkönig sind alle gezogen worden, deshalb hat er auch so gestunken. Und einen Bandwurm hatte er auch, bei gepflegten Hunden kommt so was heute nicht mehr vor.

Ich kann mich übrigens auch an Begebenheiten aus diesem Leben erinnern. Wenn ich immer nur im Jetzt leben würde, wie es Menschen gern hätten, weil sie Vorbilder brauchen, fehlte mir das Gedächtnis. Doch gewiss kann ich das Jetzt, wenn es denn mal da ist, ausschöpfend genießen – im Gegensatz zu menschlichen Existenzen, denen ständig Vergangenheit und Zukunft in die Buchstabensuppe spucken. Was auch nicht heißt, dass ich mich gar nicht an negative Erlebnisse erinnere; Orte, Menschen, die mir beispielsweise einen Schrecken eingejagt haben. Aber das mache ich nicht, wenn ich gemütlich auf meinem Schaffell liege, sondern nur, wenn ein konkreter Anlass besteht.

Ganz anders ein herkömmliches Zweibein, das nicht selten nachts sein Bett mit einem ungeliebten Chef teilt. Das Gleiche gilt für positive Eindrücke, die ich auch nicht herbeiwünsche, denn sonst wäre ja kein Anschluss unter dieser Nummer für das Jetzt. Ich liege nicht auf meinem Schaffell und ärgere mich, dass ich jetzt nicht auf dem Luderplatz sein kann, wo es doch dort so leckere Rehbeine gibt. Habe ich schon erwähnt, dass ich bereits zwei Reh-Inkarnationen hatte?

Man sieht, mein Gedächtnis ist sehr gut, reicht sogar weit über diese Existenz hinaus. Aber damit will ich mich gar nicht näher befassen. Jetzt bin ich hier. Ein Hundeleben ist einfach zu kurz, um es mit der Frage »Was wäre wenn …?« zu verpassen.

Leider haben die Kronen der Schöpfung, die sich die Zweibeiner aufgesetzt haben, bei manchen die Gehirne angebohrt. Wie sonst sind diese ständigen Gedanken zu erklären, die Zweibeiner davon abhalten, das Leben zu genießen? Aber vielleicht haben sie ja

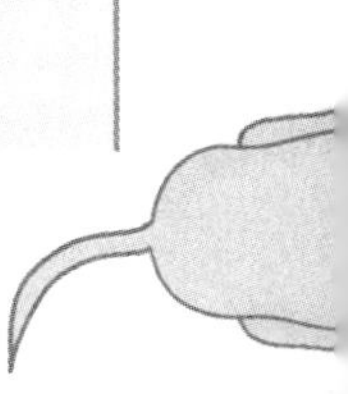

Glück und kommen im nächsten Leben als Hunde zur Welt und können dann ein bisschen etwas von ihren Erkenntnissen mitnehmen in ein weiteres Menschenleben.

Der wahre Buddha

Lass dein Leben gut und ehrbar sein. Wenn du einmal älter bist und zurückdenkst, wirst du es noch einmal genießen können.

Gedankenläuse

Zweibeiner halten sich auch für die Krone der Schöpfung, weil sie zum Denken begabt sind. Doch Denken allein ist noch kein Segen, ganz im Gegenteil, es kann ein ziemlicher Fluch sein, wenn man ständig Sachen denkt, die man nicht denken will. Wenn einen das gute Gedächtnis ständig in die Vergangenheit katapultiert und man pfundweise Gegenwart verliert.

Buddha teilte Gedanken in solche, die uns guttun, und andere, die uns nicht guttun. Er erkannte, dass man seinen Gedanken nicht hilflos ausgeliefert ist, sondern dass man sie steuern kann – was heute auch im Coaching gelehrt wird. Dennoch fällt es uns unglaublich schwer, Gedanken, die uns belasten, loszulassen.

Nicht zu denken, das übt man auch in der Meditation. Doch immer wieder und wieder kriechen sie heran und besetzen uns raumgreifend und hartnäckig. Glücklich ist, wer einen Wachhund an der Seite hat, der sie frühzeitig wittert und verbellt. Manchmal lassen sie sich aus dem Hirnrevier vertreiben. Es geht jedoch auch ohne Bellen. Ich denke Blödsinn und da stupst mich die kalte Hundeschnauze an, meine Gedanken fallen ab wie fettgesogene Zecken. Und manchmal bin ich richtig in der Gnade und denke tatsächlich nichts. Bei mir klappt das allerdings weniger während der Meditation, eher mit Flipper auf dem Sofa. Nichts tun, nichts denken, da sein, Gedankenru-

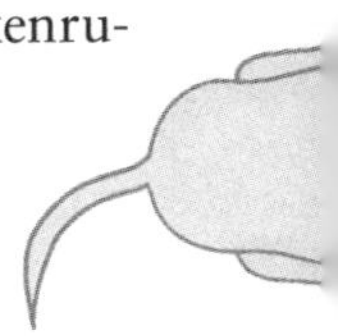

he. Was mir natürlich immer danach auffällt, denn sonst hätte ich ja was gedacht.

Erfrischt wie nach einem Powernapping stehe ich wieder auf, mache weiter mit einem beruhigten Geist. Das tut unendlich gut, denn das Gedankenkarussell ist ja von morgens bis abends am Kreiseln, dreht durch, läuft heiß. Und hält das alles auch noch für relevant oder gar die Wahrheit. Besser wäre es, solche Gedanken an die Leine zu nehmen, zumal sie unkontrolliert auch dazu neigen, sich Parasiten einzufangen, die manchmal das ganze Hirn besetzen und sich von hier ausbreiten über einen Leib inklusive Herz und Seele. Und dann geht es einem gar nicht mehr gut. Vor allem, weil man irgendwann glaubt, man wäre seine Gedanken.

Buddha erkannte, dass Menschen so fühlen, wie sie denken. Das heißt, dass wir Gedanken hervorrufen und lenken können, und das ist eine wirklich gute Nachricht. Was mich betrifft, habe ich es in meiner Schaltzentrale gern ordentlich aufgeräumt. Da liegen keine Gegenstände auf dem Boden, an denen ich mir die Zehen anstoße: Warum hat der dies oder jenes gemacht? Wieso bin ich nicht schöner/schlanker/schlauer? Und auch keine Stolperfallen: Meine Kindheit war beschissen. Oder ungelegte Eier: Wenn das und das klappt, könnte …

Leider ist das brillant aufgeräumte Oberstübchen bislang mehr Wunsch denn Wahrheit, dennoch bemühe ich mich darum. Häufig lüfte ich, weil Flipper mich dazu anhält, rauszugehen. Die Fenster werden regelmäßig geputzt, denn meine Vorstellungen und Erwartungen könnten sie so trüben, dass ich nur noch Schlieren sehe und das für die wahre Welt halte. Wenn im Oberstübchen diskutiert wird, dann lege ich Wert darauf, dass nicht panisch, sondern in ruhigem Ton gesprochen wird. Je älter ich werde, desto besser läuft das. Aber von buddhistischer Gelassenheit bin ich noch weit entfernt, wenngleich ich die Buchstabenfährte kenne.

Buddha hat uns viele Inspirationen hinterlassen, wie wir unser Leben vom Leid befreien können. Toleranz, Großzügigkeit, Mitgefühl, Wertschätzung und Achtsamkeit sind einige davon. Aber einmal im Stau und einer drängelt sich rein, da ist meine buddhistische Intention ganz schön schnell futsch. Flipper spurtet los und apportiert sie mir wieder und wieder, unermüdlich. Und so bin ich trotzdem guter Hoffnung, dass ich Fortschritte mache mit diesem wedelnden Buddha an meiner Seite, der mich dorthin führt, wo die Leckerlis liegen.

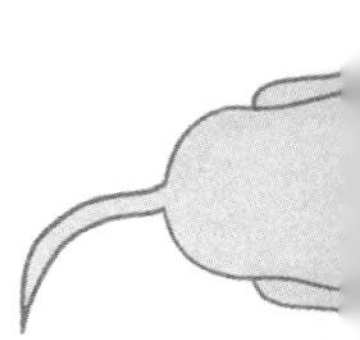

Glücksfährte zum achtfachen Pfad

1 Rechte Einsicht: Bemühe dich um Weisheit und verhalte dich stets richtig.

2 Rechte Gesinnung: Sei gelassen und friedfertig, wohlwollend gegenüber allen Lebewesen und entfalte deine heilsamen Herzensqualitäten wie liebende Güte, Mitgefühl und Mitfreude.

3 Rechte Rede: Sei aufrichtig und lüge nicht, sprich mit einem freien Herzen ohne Hintergedanken.

4 Tue keinem Lebewesen Böses, stiehl nicht und vermeide den Geist trübende Substanzen.

5 Schade niemandem und zerstöre die Natur nicht.

6 Gib dir Mühe und erfülle deine Pflichten, vermeide unheilsame Gedanken, fördere heilsame.

7 Sei achtsam und denke und handle stets besonnen.

8 Konzentriere dich, denke nach und meditiere.

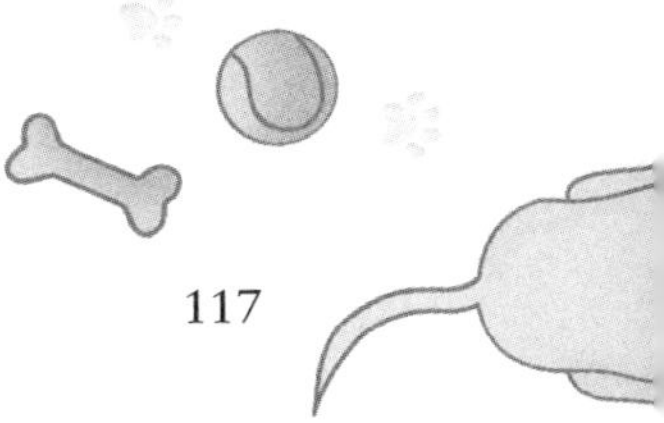

Meins und deins

Hunde leben nach anderen Regeln als Menschen, das führt oft zu Missverständnissen: Ein Hund tut etwas, das für ihn absolut korrekt ist, für seinen Menschen jedoch nicht. Und umgekehrt. Ich glaube jedoch, dass unsere lieben Hunde viel toleranter sind als wir. Unzählige Unhöflichkeiten, die wir ihnen fortgesetzt zumuten, verzeihen sie uns großherzig. Wie oft habe ich mir schon vorgenommen, mich nicht über einen Hund zu beugen, denn das ist ein Affront. Und immer wieder passiert es mir. Flipper und alle seine Vorgänger werden mich wohl irgendwann als unbelehrbar eingestuft haben. Doch sie blieben buddhistisch freundlich und bemühten sich, menschliche Regeln zu respektieren, wozu es auch gehörte, dass sie niemals von meinen Näpfen naschten. Sogar allein im Auto mit offen zugänglichem Futter rührten sie es nicht an.

Ganz anders Sanka. Die Hündin meines Ex-Vermieters war eine zwanghafte Kleptomanin – was vermutlich ihrer Vergangenheit als osteuropäischer Straßenhund geschuldet war. Sanka konnte Schubladen öffnen, knackte die Verschlüsse von Tonnen und, wenn es gar nicht anders ging, biss sie sich durch. Zahlreiche Hundetrainer bissen sich an ihr die Zähne aus.

Hier zum Verständnis kurz ein Textauszug aus den Tischmanieren im Hundlichen Gesetzesbuch:

§ 1 Hat jemand etwas zu essen gefunden oder bekommen, gehört es ihm.

§ 2 Entfernt er sich von seinem Napf, gibt er ihn damit für die Allgemeinheit frei.

Sanka schien allerdings die ganze Welt als Napf zu betrachten. Unvergessen die Taufe, bei der sie, maximal eine Minute unbeaufsichtigt, auf den gedeckten Tisch sprang und ihre Schnauze in die Schwarzwälder Kirschtorte stieß.

Was nicht nur furchtbar und lustig war, sondern auch gefährlich. Bereits zwanzig Gramm Zartbitterschokolade je Kilogramm Körpergewicht sind wegen des in Schokolade enthaltenen Wirkstoffs Theobromin tödlich. Auch um Weintrauben, Sultaninen, Avocados, Macadamianüsse, rohe Kartoffeln, Steinobst, Zwiebelgewächse und Koffein sollten Hunde einen großen Bogen machen. Und unbedingt um den Zuckerersatzstoff Xylit. Er ist nicht nur in Kaugummi, sondern auch in Pfefferminzbonbons, Backwaren und manchen Aufstrichen wie Erdnussbutter enthalten.

... Damit das Hundeleben lange währt und diese Seele nicht als Mensch reinkarnieren muss!

Der wahre Buddha

Wenn du erkennst, wie perfekt alles ist, kannst du den Kopf zurücklegen und den Himmel anlachen.

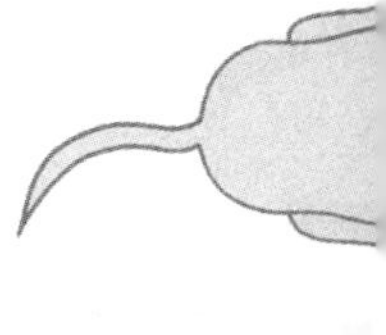

Doc-Dog – Hunde halten uns gesund

Der wedelnde Buddha

Wenn du manchmal nicht weißt, wie du dich fühlst:
Ich zeige es dir, denn ich spüre dein Herz
als wäre es meines

Wer heilt, hat recht, heißt es. Und Hunde halten uns gesund, nicht nur weil wir mit ihnen an die frische Luft gehen. Sie wirken zudem ausgleichend auf Herz, Kreislauf, Blutdruck und Stresshormone.

Doch noch viel entscheidender scheint laut Studien zu sein, dass Hunde nicht nur unsere körperliche Kondition stärken, sondern auch heilsam für unsere Psyche sind. Was Herz-Kreislauf-Erkrankungen betrifft, gehören Bewegungsmangel und soziale Isolation zu den Hauptrisiken. In einer großen schwedischen Studie über einen Zeitraum von zwölf Jahren wurde festgestellt, dass bei Einpersonenhaushalten, in denen ein Hund lebte, das Sterberisiko etwa ein Drittel geringer war als in jenen ohne Hund.

Übrigens konsultieren Menschen, die mit Hunden leben, zwölf- bis vierzehnmal seltener einen Arzt als andere. Das wundert mich nicht, denn wir haben den Doc ja zu Hause.

Bereits wenn ich morgens aufstehe und Flipper mich noch nicht sieht, nur hört, beginnt seine Visite. An der

Stärke meiner Schritte misst er meine ersten Werte. Wie elanvoll oder auch nicht komme ich die Treppe runter? Wie lange brauche ich durch den Flur? Mit welchem Druck öffne ich die Küchentür? Eine Reihe von Parametern ist bereits aktenkundig, während Flipper noch immer auf dem Schaffell ruht und dann entscheidet, ob sich als Erstes die Sprechstundenhilfe namens Kaffeemaschine um mich kümmert oder ob er mich in sein Labor bitten soll. Als Hund verfügt er über ein körpereigenes Chemielabor. Mit diesem jacobsonschen Organ prüft er ohne Blutabnahme meine Vitalwerte. Das Labor befindet sich im Geruchsapparat und hier wird eine spezielle Form der Sinneswahrnehmung analysiert, die weit über das hinausgeht, was Menschen sich unter Riechen vorstellen können.

Zur näheren Bestimmung der Werte braucht ein Doc-Dog also keine medizinischen Hilfsmittel wie Diagnosegeräte und Spritzen. Manche Dogs haben auch eine Ausbildung zum Facharzt absolviert – zum Beispiel in der Erkennung von Krebserkrankungen oder Epilepsie. Und selbstverständlich weiß ein Hund Bescheid, wie es um das Herz seines Menschen bestellt ist. In Sekundenbruchteilen verschafft Doc Flipper sich einen Überblick über meine momentane Verfassung. Er fokussiert sich dabei nicht allein auf die medizinische Seite; als Menschenkenner ist er ein unbedingter Befürworter der ganzheitlichen Heilkunst. Nachdem er meinem Herzschlag eine Weile gelauscht hat, widmet er sich meinem Gemüt. Darin hat er eine solche Meisterschaft erlangt, dass er besser weiß als ich selbst, wie es mir geht. Ja ich würde sogar behaupten, dass ich erst weiß, wie es mir geht, wenn er es mir mitteilt. Das tut er jedoch nicht offensiv mit einer brutalen Diagnose, sondern achtsam, gütig, liebevoll. Vielleicht ist

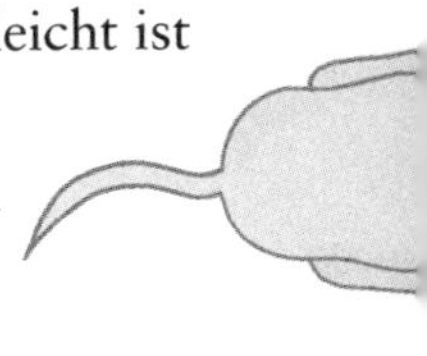

es sogar so, dass Patient und Mensch für einen Dog-Doc Synonyme sind.

Angenommen, ich würde auf die Frage »Wie geht's dir?« mit einem »Gut« antworten und das auch glauben – Flipper würde sich von einer solch dahingesagten Oberflächlichkeit nicht täuschen lassen. Er registriert die kleinsten Befindlichkeitsschwankungen. Vielleicht habe ich etwas Blödes geträumt? Ich erinnere mich nicht daran, Flipper mittels minimaler Muskelverspannungen schon, die seinen diagnostischen Sensoren nicht entgehen. Vielleicht bin ich ein wenig genervt, weil heute so viel Arbeit auf mich wartet. Und das bei dem schönen Wetter! Oder ich fühle mich gedeckelt, weil es regnet, was ich jedoch nicht gelten lassen würde als Grund für ein Missbefinden. So mache ich mir selbst Stress, Glücksstress. Ich verlange, dass alles toll ist, wenn außen rum alles toll aussieht. Was für ein Tollhaus! Ich könnte aber auch tatsächlich einen kleineren oder größeren Kummer haben, den ich vielleicht schon länger mit mir herumschleppe. Denn meine Freundin Tanja hat sich verliebt und seither nur noch wenig Zeit für mich. Unseren geplanten Urlaub hat sie abgesagt, weil sie lieber mit ihrem Freund fährt. Natürlich habe ich mich für sie gefreut und ihr den Honeymoon von Herzen gegönnt. Aber ein bisschen sticht es auch. Und diese Mikroverletzung findet Doc-Dogs Röntgenblick. Was tun? MRT? Blutverdünner, damit nichts hängen bleibt und am Ende noch eine Arterie verstopft? Oder prophylaktisch die Galle raus, die könnte ja überlaufen? Nein, wie alle seine Kollegen der Fachrichtung Homosapiologie setzt Flipper auf eine ganzheitliche Therapie, die tief innen drin beginnt. Psychotherapie machen er und seine Kolleginnen und Kollegen ohnehin, die läuft quasi nebenbei mit. Immer schön unauffällig, weil es vielen Menschen peinlich ist, wenn sie zum Psychiater müssen. Nicht so bei Doc-Dog. Ihn konsultieren sie gern. Und er vergisst nie auch ihre Seele.

Und keinesfalls behandelt er mich als Patientin, sonst würde ich ja Augenhöhe verlieren.

Ein letzter Blick auf die Parameter, dann erhebt Flipper sich für eine erste körperliche Untersuchung. Langsam, ein bisschen geduckt fast, kommt er auf mich zu. Das bemerke ich und wundere mich: Stimmt etwas nicht mit Flipper? Erstens, dass er mich überhaupt begrüßt, und zweitens so gebuckelt irgendwie.

»Geht's dir nicht gut, Flipper?«, frage ich leicht besorgt und vertone somit mein innerliches leichtes Missempfinden. Gleich geht es mir besser, weil ich eine Spaltung überwunden habe, die mir gar nicht bewusst war. Ich weiß, solche paradoxe Psychogleichungen sind kompliziert wie höhere Mathematik. Daran sieht man mal wieder, wie klug unsere Hunde sind.

Da Flipper nicht antwortet, frage ich kurioserweise noch zwei-, dreimal das Gleiche, während ich ihn sanft streichle und gar nicht merke, dass ich mit der Fellberührung meine Seele streichle. Ich will ihn, dem, wie ich irrtümlich glaube, eine Laus über die Leber gelaufen ist, was mir allemal lieber ist als ein Floh übers Fell, trösten und sage: »Ja, heute ist ein blöder Tag. Wir haben total viel zu tun.« Ich sage »wir«. Ich bin nicht allein mit meinem unsichtbaren Kummer.

»Aber weißt du was, wenn wir heute richtig fleißig sind, dann haben wir morgen frei.«

Ich entwerfe eine Strategie und locke mit einer Belohnung. Mein Atem vertieft sich. Das merke ich nicht, aber

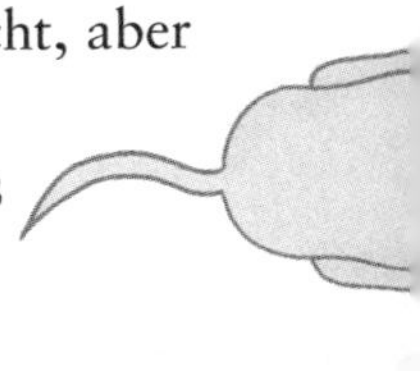

Doc-Dog hat meine Sauerstoffsättigung in der Nase und verstärkt sein zuvor schwaches Wedeln. Das wiederum erweckt in mir den Eindruck, er benötige dringend Motivation. Die gebe ich ihm, also mir. Ich frage ihn, ob wir heute Mittag mal wieder die Runde um den Schatzberg drehen sollen, und sehe die schöne Gegend schon vor mir. Flipper hat nun auch die letzten dunklen Wolken weggewedelt. Sonnenlicht dringt herein. Ich freue mich auf den Tag, weil Flipper wieder gut drauf ist, und habe keine Ahnung, dass er mich nur darauf aufmerksam gemacht hat, wie es mir geht – und mein Wohlbefinden dadurch deutlich verbesserte. Aber das muss ich ja auch alles gar nicht wissen. Ich bin kein wedelnder Buddha. Ich bin bloß ein Zweibein. Ich weiß nicht, wie sich Leben anfühlt, wenn man es in vollen Zügen im Jetzt wahrnimmt. Wenn man wenig Erwartungen hat oder gar keine. Wenn man mit eingebautem Allrad unterwegs ist und mit einer so phänomenalen Geruchswahrnehmung. Das Einzige, was ich grobsensibler Mensch wahrnehmen kann, ist Flippers Körpersprache und hier vor allem die Rute. Ich schaue sie an und glaube, etwas über ihn zu erfahren, dabei sagt sie mir etwas über mich. Seine Rute ist ein Fieberthermometer und ein Herzkatether, ach eine ganze Reihe intensivmedizinischer Messinstrumente. Wie so oft sehen wir nur das, was an der Oberfläche sichtbar ist …

Der wahre Buddha

Gesundheit ist das größte Geschenk und Zufriedenheit ist der größte Reichtum.

Klar zum Wedeln

Landläufig meint man, ein wedelnder Hund sei harmlos und gut gelaunt. Doch es gibt sehr viele Arten von Wedeln, es ist vergleichbar mit dem menschlichen Lächeln. Und da kann man ja auch verlegen oder gar gequält lächeln, unsicher oder strahlend, breit oder schmal. Genau wie Hunde, deren Fahne sich nicht nur durch ihre anatomische Beschaffenheit – hoch oder tief angesetzt – bewegt, sondern auch von ihrem Gemüt gesteuert wird. Sie kann auf halbmast hängen, locker schwingen, wie ein Rotor kreisen oder zittern. Und vieles mehr.

Beim Spazierengehen ertappe ich mich oft dabei, dass ich die locker schwingende Hunderute beobachte, die mir gute Laune macht. Wenn Flipper wedelt, dann ist die Welt im Lot, dann wedelt auch in mir etwas. Als wären wir mit einer Seelennabelschnur verbunden. Eben noch war die Welt groß und unübersichtlich und es gab so viele schlimme Nachrichten. Mit einer dunklen Wolke über dem Kopf lief ich los, verpasste die ersten zehn Minuten des Draußenseins, bis Flipper irgendwann genug gewedelt und all die düsteren Gedanken weggeschoben hatte, um die Bahn freizumachen für das, was jetzt ist. Der Buddha sitzt und lächelt. Der Hund wedelt.

Was es mit dem Hundewedeln auf sich hat, wurde natürlich längst wissenschaftlich untersucht, wie eigentlich alles. Man weiß heute sehr viel über das phänomenale Geruchs-

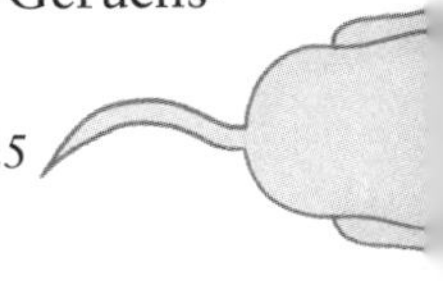

und Hörvermögen der Vierbeiner, gegen das wir blind und taub erscheinen. Italienische Wissenschaftler fanden in einer Studie heraus, was die verschiedenen Schwanzwedel-Richtungen über den Gemütszustand eines Hundes verraten. Rechts gerichtetes Wedeln würde auf positive Emotionen weisen, während Linkswedeln eher negative Stimmung bedeute. Diese Einteilung sei der rechten und linken Gehirnhälfte geschuldet, die überkreuz mit der jeweiligen Körperhälfte korrespondiere, wie beim Menschen eben auch.

Natürlich wollte ich sofort herausfinden, ob Flipper ein Rechts- oder Linkswedler ist. Meine Freundin Mo war auch neugierig und wollte Kalles Wedelei entschlüsseln. An einem Bilderbuchmorgen im Mai liefen wir zu viert los, ausgerüstet wie Forscherinnen mit Fernglas, Schreibzeug, Fotoapparat, also Smartphone. Schon nach wenigen Metern merkten wir, dass es enorm schwierig war, die Richtung zu beurteilen. Die Hunde wedelten zu schnell. Beziehungsweise Mo und ich sahen ständig verschiedene Richtungen. Dummerweise wussten wir beide, was die Richtungen angeblich über unsere Lieblinge aussagten, und so wollten wir beide natürlich am besten überwiegend rechts gerichtetes Wedeln bemerken.

Zum Glück teilen wir einen häufig schrägen Humor, sind uns wohlgesinnt und lieferten uns kein Wedelgefecht darüber, welcher unserer Rüden seinen Schwanz vitaler in Szene zu setzen wusste.

Wir versuchten, die Hunde zu bremsen. Langsamer sollten sie wedeln. Sie verstanden nicht, warum sie das tun sollten. Die beiden waren dicke Kumpels, der Ausflug machte ihnen Spaß, wieso sollte man da das Tempo drosseln? Vermutlich hatten sie was falsch gemacht. Nach einer viertel Stunde mussten Mo und ich feststellen, dass sich unsere lebenslustigen Rabauken in zwei depressive Hängeschwänze verwandelt hatten.

»Jetzt geht's ihnen richtig schlecht«, meinte Mo.

Ich nickte.

»Und uns auch«, fügte sie hinzu.

»Ist ja wohl kein Wunder.«

»Hängt dein Schwanz auch?«, fragte mich Mo.

Nach einem Lachkrampf der Zweibeinerinnen ging es allen zwölf Beinen wieder besser.

Wedeleien

Der wedelnde Buddha

Wann immer du dich mal verläufst im Dickicht
des Lebens: Ich bin da und zeige dir dein Herzlicht.
Komm!

»Stell dir mal vor«, bat ich Mo, »von irgendwoher würden grüne Männchen landen …«

»Müssen die immer grün sein?«

»Also gut, dann eben violett …«

»Und müssen es immer Männchen sein …«

Ich verpasste ihr einen freundschaftlichen Rippenstoß. »Dann stell dir eben vor, es landen violette Weibchen mit dem Auftrag, das Verhalten dieser komischen Erdlinge zu erforschen. Man würde gern mit ihnen kommunizieren, muss dazu aber erst ihre Gesten erforschen.«

»Und irgendeine von diesen Violetten ist eine Autorin und schreibt dann einen Ratgeber drüber«, grinste Mo.

»Nein, das glaube ich nicht. Autorinnen gehören zu den vom Aussterben bedrohten Arten. Ich stelle mir vor, dass sie das mit einer uns unbekannten Mathematik herausfinden.« Ich redete wie ein Roboter weiter: »Bei 58,39393 kann davon ausgegangen werden, dass mit den Erdlingen gut Kirschen essen ist.«

»Kirschen kennen die doch gar nicht!«, unterbrach Mo.

»Während ab 59 eine hohe Wahrscheinlichkeit besteht …«, fuhr ich fort. Mo zückte ihre Kamera und versuchte noch einmal, Schwanzstellungspositionen festzuhalten. Das war schwierig, sie gab es auf und sagte: »Und nun fliegen die Violetten also zurück auf ihren Planeten und erklären ihren Leuten, wie sie am besten mit Erdlingen kommunizieren sollen. Sie sagen dann so was wie: Bis 40 Grad kann man sich annähern, ab 45 Grad lieber Abstand halten.«

»Machen wir es denn anders?«, fragte ich. »Stell dir mal vor, man würde uns sagen, dass Hunde allein aus Angst wedelten oder es eine reine Übersprungsreaktion sei. Dann würden wir unsere Hunde doch nicht verstehen können.«

»Du meinst, dass wir das große Ganze nicht sehen, wenn wir uns an den Einzelteilen festhalten?«

»Ja. Und mehr noch: Wenn wir uns an den Einzelteilen festhalten, verändert sich dadurch auch das große Ganze.«

»Was ist das überhaupt, das große Ganze?«

»Es ist nicht sichtbar. Es liegt jenseits des Sichtbaren.«

»Man sieht nur mit dem Herzen gut, das Wesentliche ist für die Augen unsichtbar?«, zitierte Mo den Kleinen Prinzen.

»Für uns ja. Aber für unsere Hunde nicht«, sagte ich und dachte, dass ich mir den Satz merken wollte. Er brachte das auf den Punkt, wozu ich viele Jahre gebraucht hatte, weil ich nicht auf die Stimme meines Herzens gehört hatte, sondern auf die Stimme von Fachleuten. Wobei ich überhaupt nichts gegen Fachleute habe. Ich bin ja irgendwie auch eine vom Fach Buch. Aber wenn man glücklich werden will im Leben, können fremde Stimmen immer nur Inspiration sein. Folgen wir ihnen kritiklos, kommen wir

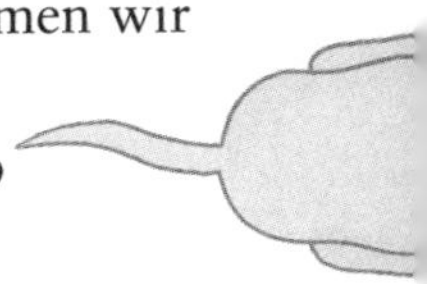

von unserem eigenen Lebensweg ab. Auf einem fremden Lebensweg kann man sein Glück nicht finden. Aber man kann Glück haben und einem Hund begegnen, der einen zurück auf die richtige Fährte führt.

Durch dick und dünn

Wie wir Menschen leben auch Hunde dank moderner Medizin immer länger, wobei sie in der Regel nicht gern zum Arzt gebracht werden. Vielleicht hat einem die nette Zweibeinerin mit der Krallenzange auch schon mal wehgetan. Bin ich doof und gehe da freiwillig rein? Bestimmt nicht! Aber Frauchen will, dass ich es mache. Also gut. Wenn sie unbedingt meint. Weil ich ihr vertraue.

Es hat mich immer sehr gerührt, wie meine Hunde mir trotz aller innerer Abwehr freiwillig ins Sprechzimmer eines Tierarztes folgten, obwohl es dort so grauenvoll stank. Wenn ich das in mein visuelles System übersetzen würde, wären die Wände vermutlich voll mit blinkenden Hinweistafeln: Vorsicht! Todesgefahr! Achtung Steinschlag! Strahlenalarm! Schnell weg! Genau das besagen die Gerüche in einer Tierarztpraxis. Und dennoch gingen meine lieben Gefährten mit mir rein, zum Glück meistens nur für Routineuntersuchungen. Miss Lomax allerdings, meine wedelnde Buddhine, musste öfter in die Praxis, da sie in höherem Alter an Arthrose litt, wie auch viele Menschen. Um ihr zu helfen und weil ich diese Alterserscheinung nicht akzeptieren konnte, versuchte ich allerhand. Von Ernährungsergänzung über Osteopathie bis hin zu Homöopathie, Physiotherapie und einer neuen Schmerzspritze – nichts half. Eigentlich wurde es erst besser, als ich die Tatsache akzeptierte, dass

mein Hund humpelt. Ich bin mir sogar sicher, dass Miss Lomax von diesem Moment an federnder lief. Nun, sie schleppte ja auch nicht mehr meinen Schmerz wegen ihrer Arthrose mit sich herum. Ich habe viel gelernt durch ihr Humpeln, vor allem über mich selbst, denn in manchen Bereichen meines Lebens bin ich wohl auch gehumpelt, statt rundgelaufen. Eine Situation ist mir noch sehr gut im Gedächtnis:

Wir waren bei einem Arthrosepapst, der Miss Lomax eine Spritze ins Knie verpassen wollte. Das war eine ziemlich teure Angelegenheit, aber meine letzte Hoffnung, und der Spezialist war sehr renommiert. Drei Monate hatte ich auf den Termin warten müssen. Das Wartezimmer war voll, die Praxis ähnelte einer Fabrik, hier war Zeit Geld. Miss Lomax war wie immer freundlich und allen Zweibeinern wohlgesinnt, wenn auch sehr nervös. Doch ohne Widerstand stellte sie sich auf die Untersuchungsliege und ließ sich hochfahren.

»Jetzt soll sie sich hinlegen«, sagte der Arzt zu mir und ich sagte »Platz« zu Miss Lomax. Die war jedoch viel zu aufgeregt, um sich hinzulegen. Ich kannte sie schon viele Jahre und wusste, dass sie Zeit brauchte. Wenn ich sie einige Male ruhig bitten würde, sich hinzulegen, würde sie es tun, auch wenn sie selbst es überhaupt nicht wollte. »Platz«, sagte ich also noch einmal und klopfte mit meiner flachen Hand auf die Liege. Miss Lomax leckte sich über die Lippen und schaute mich, ich würde meinen, verzweifelt an. »Bitte«, sagte ich und spürte, wie der Arzt innerlich die Augen verdrehte. Das machte mich nervös und als ich noch einmal »Platz« sagte, klang meine Stimme nicht beruhigend, sondern hektisch, womit ich Miss Lomax Gefahr in Verzug signalisierte. Da würde sie sich ganz bestimmt nicht hinlegen, da musste sie wachsam stehen bleiben, zur Not Frauchen verteidigen.

»Sollen wir sie hinlegen?«, fragte der Arzt. Immerhin fragte er. Es gab auch welche, die fragten nicht. Heute noch ärgere ich mich, dass ich einknickte und nickte. Ruck, zuck waren die Helferinnen, die nur darauf gewartet hatten, am Untersuchungstisch. Zu zweit zogen sie Miss Lomax die Beine weg, legten sie hin, drückten sie runter, hielten sie fest, der Arzt sprang von hinten nach vorne, zack, Spritze ins Knie, warf die Spritze ins Waschbecken, sagte »Das war's« und sprintete in sein zweites von drei Behandlungszimmern.

Die Helferinnen ließen Miss Lomax los, die mich pausenlos aus weit aufgerissenen Augen anschaute. Ein Blick, der sich in meine Seele brannte. Ich lobte sie sehr, sie ließ sich schnell beruhigen, bekam eine Belohnung, wedelte schon wieder. Ich bezahlte ein paar Hundert Euro und wir verließen den Ort des Grauens, der in mir aber noch lange nachwirkte, während Miss Lomax ihn schnell vergessen zu haben schien.

Doch ein halbes Jahr später bei einer Impfung weigerte sie sich hartnäckig, auf der Liege einer Tierärztin Platz zu nehmen. Diesmal ließ ich mich nicht überrumpeln, sondern blieb meinem Hund treu. Miss Lomax sollte so viel Zeit bekommen, wie sie benötigte. So einen Überfall würde ich ihr kein zweites Mal zumuten. Ich erzählte der Tierärztin von diesem Erlebnis, und sie schlug vor, die Impfung auf dem Boden zu geben. »Viele Hunde fühlen sich auf dem Behandlungstisch unwohl.« Eine Helferin lenkte Miss Lomax mit einem Leckerli ab, die gar nicht merkte, dass sie eine Spritze bekam. So einfach konnte es sein. Schwieriger war es, mir selbst zu verzeihen. Denn

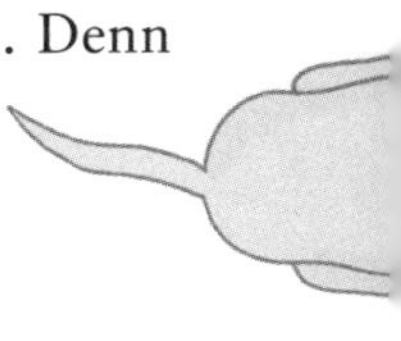

ich trug es mir noch immer nach, dass ich meine Seelengefährtin nicht besser beschützt hatte. Sie hatte mir gewiss schon längst vergeben. So wie auch Flipper mir vieles verziehen hat. Als Hund ist er ja ohnehin nicht nachtragend und als wedelnder Buddha sowieso nicht, denn Verzeihen ist ein zentrales Thema im Buddhismus.

Der wahre Buddha

Alles zu verstehen, bedeutet: alles zu verzeihen.

Ein Hund braucht kein Abitur – Missverständnisse im Miteinander

Der wedelnde Buddha

Lass uns gemeinsam das Leben genießen und uns sein lassen, wer wir sind. Du Mensch, ich Hund. Zusammen: ein Herz auf sechs Beinen

Die meisten Fehler habe ich bei meinem ersten Hund gemacht, und das geht mir bis heute nach. Auch wenn ich Gründe für mein Verhalten finde, da ich Fachleuten alter Schule glaubte. Ihrer Meinung nach musste ein Hund strikt gehorchen, und leider folgte ich ihren Anweisungen, selbst wenn sie mir rüde vorkamen. Ich wollte alles richtig machen und überhörte dabei die Stimme meines Herzens und wohl auch die der Vernunft. Denn dass funktionsbetonte Dressur zu keiner guten Beziehung führen würden, war mir klar.

Die kleine Luna wollte mit ihrem federzarten Flaumfell nicht durch die Brombeersträucher, wie ich es ihr auftrug, nachdem die Trainerin mich dazu genötigt hatte. Klug fand Luna einen Weg außen rum. Dafür sollte ich sie, so die Trainerin, bestrafen, denn sie hatte meinem Be-

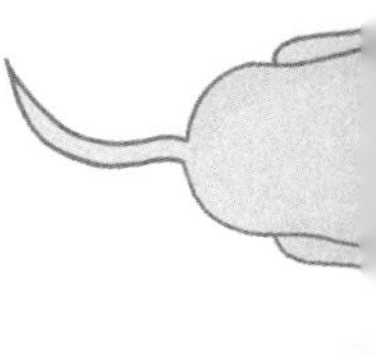

fehl nicht Folge geleistet. Und das sei wichtig, sonst würde mir der Hund bald auf dem Kopf herumtanzen. Es müsse unmissverständlich klar sein, wo oben und wo unten sei, wer das Kommando hätte. Halbherzig schimpfte ich ein bisschen und war todunglücklich wie der kleine Hund, der das alles nicht verstand. Ich würde vermutlich niemandem vertrauen, der verlangte, dass ich mir sinnlos Schmerzen zufügte, nur damit er seinen Willen bekam und sich beweisen konnte, dass er oben war, womit er ganz tief nach unten rutschte. Nein, das vertrug sich nicht mit meinem Weltbild, und ich zog die Reißleine und ließ Luna frei. Und mich auch. In einer anderen Hundeschule machte das Lernen uns beiden Spaß, und hier wurde die vierbeinige Persönlichkeit gefordert und gefördert, statt »abgerichtet«.

Meinen Mangel an Einfühlvermögen bei Luna konnte ich mir lange nicht verzeihen, wenngleich ich mildernde Umstände ins Feld führte. Meine Wahl der Hundeschule geschah aus Unwissenheit. Doch wenngleich ich mich dort nie richtig wohlgefühlt hatte, war ich fünfmal ins Training gegangen. Und es hatte meinem Ego geschmeichelt, wenn Luna die Aufgaben mit Bravour meisterte. Und wenn nicht? Dann fiel das auf mich zurück, ich war eine Versagerin, wenn mein Hund nicht kapierte, dass er »bei Fuß« gehen sollte, was ohnehin ein Schmarrn war, weil es »bei Knie« hätte heißen müssen.

»Und außerdem«, so erklärte die Hundetrainerin, die sich für modern hielt, »sagt man heute nicht mehr bei Fuß, sondern nur noch Fuß.« Ihrer Auffassung nach hatte der Schulterknochen des Hundes im exakten Winkel zum linken menschlichen Außenmeniskus zu stehen, bei jeder Kehrtwendung sollte die Schulter wie ans Knie getackert bleiben. So wurde, alte Schule, auf Biegen und Brechen an den Hunden »verbessert«. Und sie machten das mit, ohne sich ihrerseits über uns zu beschweren. Hunde lassen ihre Menschen Menschen sein, während Menschen ihre Hunde manchmal zu Marionetten machen wollen.

Die Zeit der schwarzen Pädagogik, unter der auch viele Menschenkinder litten, gehört ins vergangene Jahrhundert. Gegenseitiges Vertrauen gilt heute als Basis für ein gutes Miteinander. Bin ich im Herzen mit Flipper verbunden, behandle ich ihn ganz selbstverständlich wertschätzend und respektvoll. Manchmal stelle ich mir unsere Verbindung vor wie eine Seelennabelschnur. Wenn Vertrauen pulsiert, sind wir Lebewesen angstfrei, entspannt, geschmeidig, gut gelaunt und fühlen uns wohl. Was nicht ausschließt, dass ich in vielen Situationen der Boss bin, und diese Konstellation ist den meisten Hunden auch lieber.

Hat Flipper sich schon einmal narzisstisch gekränkt gezeigt, weil ich bei unseren Spaziergängen so gut wie nie markiere? Was hat er sich da für ein komisches Frauchen an Land gezogen? Was sollen denn seine Kumpels denken?

Diese Totalversagerin ist ja quasi unsichtbar, also olfaktorisch unriechbar. Aber zu Hause markiert sie mehrfach täglich in einem Extraraum. Da hat doch keiner was davon! Vermutlich hat sie eine Sozialstörung, ist total egoistisch, weil sie ihre Düfte nicht teilt. Und wenn ich jetzt noch verrate, wie lang sie braucht, bis sie ihren Napf leer

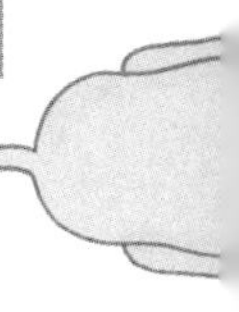

hat, dann glaubt ihr mir das nicht. Und wisst ihr was? Ich werde sie dennoch nie verlassen, denn meine Liebe ist treu, für immer, egal, was ist. Wir gehören zusammen. Wau!

Das Problem am anderen Ende der Leine

Der wedelnde Buddha

Wollen wir das Müssen zu Mus wedeln? Lass uns spielen und feiern, weil wir uns gefunden haben!

Heute sind die alten Hundetrainingsmethoden überholt. Dafür gibt es neue Missverständnisse. So wird manchmal leider aus dem Blick verloren, dass ein Hund kein Sportgerät ist, kein Entertainer, kein Psychologe und kein Kinderspielzeug. Ein Hund braucht auch kein stundenlanges Gassigehen und tägliches Spezialtraining und Events und vieles mehr, was manche Hundehalter in bester Absicht absolvieren, oft obwohl sie gar keine Lust dazu haben. Aber sie wollen es richtig machen, wie ich seinerzeit mit Luna, und können auf eine falsche Fährte geraten, vor allem wenn einem Leute, die sich scheinbar auskennen, angeblich gute Tipps geben. Da braucht es eine gehörige Portion Selbstbewusstsein, nicht mitzuspielen. Ich möchte keinesfalls einen Hochleistungshund, sondern einen zufriedenen.

»Bei mir brauchst du kein Abitur«, versprach ich ihm in unserer ersten Woche. Das hätte mir nämlich auch keinen Spaß gemacht. Jeder weiß, wie stressig es ist, einen Schützling auf diese Reifeprüfung vorzubereiten; da kann

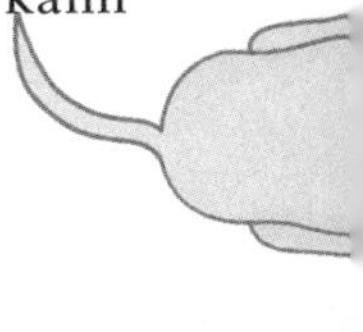

viel Lebensqualität auf der Strecke bleiben. Mein erstes Gebot lautet: Du sollst deinem Hund ein artgerechtes, glückliches Leben ermöglichen. Wobei das zwei Fliegen mit einer Klappe sind. Das glückliche Hundeleben und das glückliche Menschenleben ergänzen sich, und wenn wir zusammen wedeln, wird's gleich noch schöner. Und schön heißt hier: ohne Stress. Entspannt. Das ist einfach? Von wegen!

Entspannung ist für viele von uns eine Herausforderung! Denn in unserer Multioptionsgesellschaft können viele Menschen nicht mehr damit umgehen, wenn mal gerade nichts ist. Langeweile ist zum Schreckgespenst geworden und muss auf jeden Fall vermieden werden, zumal es heißt, nur dumme Menschen langweilen sich. Ich halte Langeweile mittlerweile für ein hohes Gut. Es ist eine Kostbarkeit in unserem durchgetakteten Leben, und als mich gegen Ende des letzten Urlaubs tatsächlich ein Hauch Langeweile streifte, hätte ich schreien können vor Glück. Ich fühlte mich in meine Kindheit zurückversetzt. Sonntags nach dem Mittagessen. Ruhig sein müssen. Nicht raus dürfen zum Spielen. Laaaaaangweiliiiiiiig!

Kaum haben wir drei Sekunden Zeit, wischen wir auf unseren Handys rum. Ich wische lieber auf meinem Hund herum, stelle ich fest. Was Flipper allerdings nicht ausstehen kann. Doch da muss er jetzt durch. Ich lege meine Hand auf sein weiches Fell. Runterkommen. Einfach nur da sein. Das kann wohl nicht so grauenhaft sein, dass ich dauernd davor weglaufen, mich ständig beschäftigen muss. Ablenken von mir selbst? Von meiner puren Existenz? Auf der Flucht vor meinem Leben? Das lässt Flipper nicht zu. Er kann viel schneller rennen als ich und fängt mich ein, ja, da darf er mich sogar anspringen und dann rollen wir gemeinsam durchs Gras, Halme kitzeln mein Gesicht, Bienen summen Honiglieder, es riecht nach Sommer und der Himmel ist blau.

Ich will einfach mal irgendwo sitzen und ein Loch in die Luft starren. So wie Hunde es so wunderbar können. Langweilen die sich dabei? Nein! Das ist eine große Freude für sie: Es steht grad nichts an. Ich bin da und lass den lieben Gott einen guten Mann sein. Schön ist das Leben. Und sie liegen nicht nur kurz da, weil sie gleich wieder losmüssen. Oder überbrücken, bis es essen gibt oder sonst was passiert. Das, was passiert, findet statt, während sie einfach da sind. Schlichtweg: das Leben.

Der wahre Buddha

Beherrsche deinen Geist, denn sonst wird er dich beherrschen.

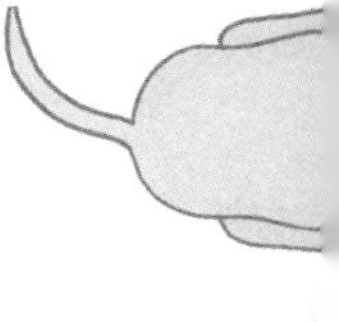

Das Leben ist kein Wettbewerb

Als Flipper vier oder fünf Monate alt war, ging ich mit ihm zu einer Welpenspielgruppe. Ich dachte, das würde ihm guttun. Am Dorfrand lebend, hatten wir relativ wenig Kontakt zu anderen Hunden; beim Spazierengehen traf ich selten jemanden. Während die anderen Welpen vor Begeisterung schier ausflippten, war Flipper, vielleicht weil er es im Namen trug, alles andere als amused. Halbherzig rannte er mit den anderen ein bisschen über die Wiese, suchte immer wieder meinen Blick.

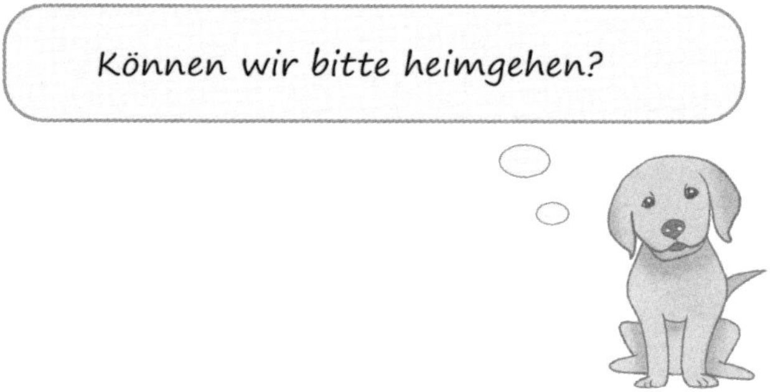

Ich wollte aber, dass er hier Spaß hatte. Vielleicht brauchte er ein bisschen Zeit, bis er mit den Artgenossen warm wurde? »Wie der Herr, so's Gscherr.« Ich bin auch keine, die mit der Tür ins Haus fällt, doch Flipper drückte kaum die Klinke runter. So viele Hunde auf einem Haufen überforderten ihn.

Ich merkte, dass die anderen Herrchen und Frauchen es komisch fanden, dass Flipper sich immer wieder irgendwohin setzte und dem Treiben einfach nur zuschaute. Lud ihn ein Artgenosse zum Spielen ein, lief er ein, zwei Runden mit, dann zog er sich wieder an den Rand zurück und beobachtete.

»Hat der irgendwas?«, fragte mich eine Frau, die wie eine Jägerin gekleidet war, obwohl sich der Hundeplatz in einer Großstadt befand. Jägeroutfit war gerade in bei Hundeleuten, das war mir schon einige Male aufgefallen. Man kann ein Vermögen ausgeben, um so auszusehen wie ein verantwortungsbewusster glücklicher Hundemensch. Ich frage mich, ob Felle noch mal in Mode kommen.

Vielleicht hätte ich mich bei Luna geschämt, wenn sie sich nicht so verhalten hätte wie alle anderen, weil sie nicht mitmachte. Das fiel auf mich zurück, musste an mir liegen. Ich war schuld daran, wenn mein Hund nicht funktionierte. Jetzt war ich fast ein bisschen stolz, dass Flipper nicht funktionierte. Dass er nicht mir zu Gefallen mit den anderen im Kreis lief, wenn ihm das zuwider war, aus welchen Gründen auch immer. Er war nicht ängstlich, er war nicht aggressiv, er war nicht scheu, er hatte einfach keine Lust. So geht es mir ja auch manchmal, ich muss nicht jeden Blödsinn mitmachen. Flipper bekräftigt mich immer wieder, genau hinzuschauen, was mir Spaß macht und was nicht. Hauptsache, ich folge meinem Herzen. Und wenn ich es mal gerade nicht höre, folge ich einfach dir, du wedelnder Buddha.

Ich antwortete der Jägerin, die Flipper für komisch hielt, gelassen: »Das ist bei ihm berufsbedingt. Er ist die Muse einer Schriftstellerin. Wir beobachten gern.« Vermutlich hätte ich etwas anderes gesagt, wenn ich beabsichtigt

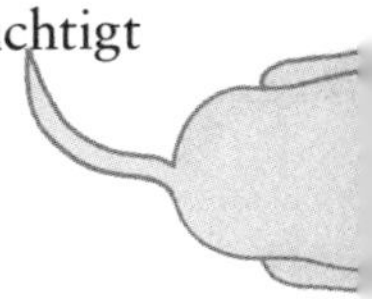

hätte, wiederzukommen. Doch dieses Gastspiel in der Welpenspielgruppe würde gewiss ein einmaliges bleiben.

Nun überraschte mich die Jägerin. Sie sagte: »Ich bin mir auch nicht sicher, ob Lady Gaga dieses Event hier so toll findet. Irgendwie glaube ich, dass sie die vielen Hunde stressen. Aber ich möchte unbedingt, dass sie gut sozialisiert wird.«

Ja, das ist wichtig, ... aber:

Hunde müssen nicht nach menschlichen Kriterien beschäftigt werden. Noch dazu stressen sich viele Hundemenschen, indem sie ihr persönliches Leistungsprinzip auf den Hund übertragen. Dazu gehört auch, dass mancher Hund sich Aufmerksamkeit und Zuneigung verdienen muss, indem er etwas besonders gut kann oder schnell kapiert oder der Beste in einem Workshop ist. Und wenn er das nicht ist, dann soll er wenigstens der Frechste sein. Falls nichts davon klappt, ist sein Mensch vielleicht enttäuscht, und das verunsichert den Hund, der wie beschrieben sehr feine Antennen für die Emotionen seines Menschen hat.

Tragisch ist es, wenn das alles aus Unwissenheit geschieht. Man möchte das Richtige tun und macht so viele Fehler – wie ich seinerzeit. Ich habe leider nicht danach gefragt, was Luna gefällt. Ich wollte sie optimal fördern und dachte, da müssen wir jetzt eben durch. Ich hätte viel mehr spielen als trainieren sollen. Ich war doch auch einmal ein Welpe und kann mich noch gut daran erinnern, wie toll das war, wenn ich mittags nach der Schule meinen Ranzen, der noch kein Rucksack war, in die Ecke schleuderte, geschwind Hausaufgaben machte und dann sofort raus zum Spielen lief. Termine gab es keine oder nur selten.

Heute kommt ein freier Nachmittag in einem Kinderkalender manchmal gar nicht mehr vor, und auch einige Hunde haben jeden Tag Events. Sie machen Dummytraining und Agility. Sie joggen mit Herrchen, drehen Waldspaziergänge in der Hunderunde mit Frauchen, gehen zum Dog Dancing, Mantrailing, Hundeschule, Obedience und unbedingt zum Schwimmen, weil das gut für die Gelenke ist, und abends brechen sie schier zusammen und fallen in einen ohnmachtsähnlichen Schlaf. Würde ich so leben wollen? Arbeiten, heimkommen, essen, zusammenbrechen? Möchte ich das einem Hund antun? Bestimmt nicht! Aber warum tu ich es dann manchmal mir an … und sage: Wenn ich dies und jenes geschafft habe, dann …? Ehrlich: Ich komme nie im Paradies an bei diesem Dann.

Woher rührt eigentlich diese seltsame Idee, dass man den Hund müde, »leer« machen müsse? Dass er nur dann zufrieden wäre? Das »Müdekriegen« verarmt die Mensch-Hund-Beziehung. Flipper ist kein Akku, der auf- und entlädt. Er ist ein soziales Wesen und möchte sein Leben genießen, anstatt durch einen Terminkalender zu hecheln. Er möchte mit Herrchen und Frauchen auf dem Sofa fläzen und fernsehen und sich kraulen lassen, wieder mal eindösen und dann aus einem halb geöffneten Auge beobachten, was die zwei Zweibeiner, die es dennoch nicht zum Vierbeiner schaffen, für seltsames Gebaren an den Tag legen. Und vielleicht fällt ihnen ja mal eine Walnuss aus der Hand und sie merken es nicht.

Übrigens verbraucht das Gehirn, das nicht nur bei uns Menschen, sondern auch beim Hund so ähnlich aussieht wie eine Walnuss, am meisten Energie. Und richtig schön angenehm und rundum müde werden wir nur, wenn wir körperlich und geistig aktiv sind. Für mich mag das ein

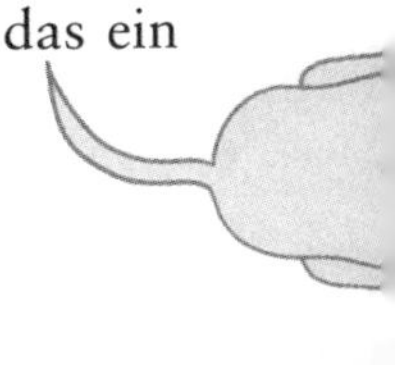

kompliziertes Buchkapitel, für Flipper kann es das Suchen eines versteckten Gegenstandes sein. Das zu begreifen, hat mich sehr erleichtert, denn auf einmal musste ich bei Luna deutlich weniger Zeit aufwenden, damit sie zufrieden war. Und ich auch. Wenn ein Hund sich nicht nur bewegt, sondern eben auch gut beschäftigt ist, dann strahlt er hundrum. Als Faustregel gilt, dass sich der Hund bei fünf Minuten starker Konzentration so sehr anstrengt wie bei einer Viertelstunde Gassi.

Und das Spielen soll auch nicht zu kurz kommen! Früher warnte man Hundehalter davor, sich im Spiel auf die Ebene des Hundes »herabzulassen«. Der Mensch sollte alle Spiele vermeiden, die Hunde untereinander treiben. Er sollte nicht um die Wette rennen, da der Mensch verlieren würde und das seinen Status schmälern oder ihn zur Beute machen würde. Er sollte dem Hund kein Spielzeug überlassen, das quietscht, denn das würde den Killerinstinkt des Hundes wecken. Auf gar keinen Fall sollte er Zerrspiele mit dem Hund machen. Und wenn, dann immer darauf achten, dass der Mensch gewinnt, indem er »Aus« fordere, da sonst der Hund begreifen könnte, dass er stärker ist als der Mensch, was Aggressivität fördere. Und niemals sollte man auf dem Boden mit dem Hund herumkugeln. Oder dem Hund Spielzeug zur freien Benutzung überlassen, das müsse vom Menschen verwahrt werden, damit der Hund jederzeit wisse, wo oben und unten sei. Von solchen Spaßbremsen kann man sich verabschieden! Gemeinsames Spiel fördert die Bindung und das Vertrauen und macht total Laune. Ich rolle durchs Gras, Flipper kugelt begeistert über mich drüber, im Stehen springt er mich an, was er sonst niemals tun würde. Wir spielen! Im Spiel wird keine Rangordnung verhandelt. In einer Studie hat man Hund-Mensch-Teams beobachtet und herausgefunden, dass diejenigen Hunde besser folgten, die weniger trainieren und mehr mit ihren Menschen spielen.

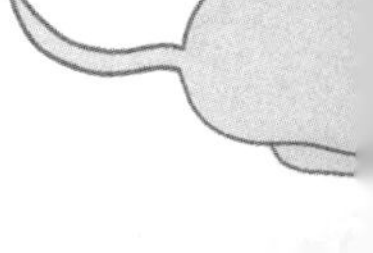

Die Falle des guten Gewissens

Der wedelnde Buddha

Wenn du mir und allen anderen Geschöpfen mit offenem Herzen begegnest, kehrst du bei dir selbst ein.

Kurioserweise überwiegt bei manchen Hundehaltern das gute Gewissen am Rundumprogramm. Sie wollen das vielleicht selbst alles gar nicht, aber sie glauben, sie müssen es tun. Doch ein Hund, dem immer mehr zugemutet wird, übertritt irgendwann eine Grenze. Und dann kommt er nicht mehr runter, wird nervös, braucht auch immer mehr Action. Nicht umsonst gibt es den Begriff Balljunkie-Hunde, die pausenlos fordern, dass man ihnen Ball oder Stöckchen wirft, was zu ihrem einzigen Lebenssinn geworden ist. Wie Automaten, die auf Knopfdruck reagieren. Und der Mensch, der das Beste will, wirft und wirft und wirft – bis zur Schleimbeutelentzündung in der Schulter! –, weil der Hund sich doch so freut, wenn er seinem Balli hinterherfetzt, ... und sieht nicht: Es ist eine Sucht.

Leider werden hundliche Stresssignale oft fehlinterpretiert, das passierte mir auch mit Luna. Sie war nach kaum einem Gassi zufrieden, obwohl ich doch schon so lange gegangen war und so viel Ball geworfen hatte. Ich selbst war fix und fertig, zumal das Draußensein viel Zeit kostete, die ich mir für die Buchstaben, die liegen geblieben waren, nachts aus den Rippen schneiden musste. Und nie war Luna entspannt; kaum waren wir daheim, tapperte sie unruhig hin und her. Was hatte ich mir da bloß für ein Energiebündel an Land gezogen! Ich musste wohl noch länger gehen und noch öfter Ball werfen, schloss ich daraus. Heute weiß ich, dass das ein fatales Missverständnis war. Ich glaubte, sie brauche mehr Bewegung, und leistete damit einer weiteren Steigerung ihres Bewegungsdrangs Vorschub. Ihre Unruhe war kein Zeichen für mangelnde Bewegung, sondern für einen Mangel an Ruhe.

Das fiel mir wie die berühmten Schuppen von den Augen, als ich bei einer Freundin zu Besuch war, deren völlig überdrehter Dreijähriger um 21 Uhr noch immer nicht bereit war, ins Bett zu gehen, obwohl wir seit dem frühen Nachmittag im Tierpark und im Zirkus gewesen waren! Was tun? Nie im Leben wären wir auf die Idee gekommen, ihm einen Kirmesbesuch vorzuschlagen: Was hältst du von ein bisschen Achterbahn, damit du müde wirst? Meine Freundin sprach leise und ruhig mit ihrem Sohn, sie bewegte sich langsam und unterließ alles, was ihn aufregen konnte. Nach und nach wurden seine Augenlider schwer, ein Gähnen, ein letztes Aufbäumen »Aber ich will …« und dann war er eingeschlafen und meine Freundin trug ihn ins Bett.

Auch ein Hund, der nach dem Gassi überdreht ist, gehört in seinen Korb oder auf seine Decke, nicht neben das Fahrrad, um ihn jetzt aber wirklich auszupowern. Ausgepowert ist er bereits, genau deshalb findet er keine Ruhe. Sein Stresspegel bleibt stets auf einem hohen Niveau, weil die Ruhephasen fehlen, in denen er abgebaut werden könnte – ein Teufelskreis.

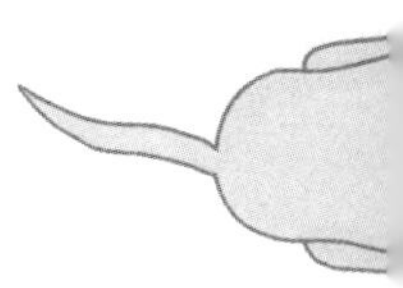

Mit einem offenen Herzen und einem klugen Verstand sollten wir erkennen, wenn die Grundbedürfnisse unserer lieben Hunde in Schräglage geraten und sie mit Verhaltensauffälligkeiten SOS funken.

Im Buddhismus geht man davon aus, dass wir an Schwierigkeiten wachsen: Lerne aus Leiden, sonst leidest du bloß. Statt uns als Opfer der Umstände zu fühlen, können wir neue Fähigkeiten entfalten. Sich immer weiterzuentwickeln, das ist der Sinn des Lebens. Anstatt uns also von Angst und Stress überwältigen zu lassen, sollten wir achtsam im gegenwärtigen Moment verweilen, um klar zu sehen: Was brauchst du, mein lieber Gefährte? Oft stellt sich dann heraus, dass nicht nur der Hund diese oder jene Veränderung dringend benötigt, sondern auch der Mensch. Ja fast mag es scheinen, als wäre der erste SOS-Ruf vom Menschen gesandt und der Hund hätte ihn nur als Echo zurückgeworfen. Weil der Mensch seine Not an sich nicht wahrgenommen hat. Weil er funktionieren wollte. Und dann hat der Hund nicht mehr funktioniert. Weiser wedelnder Buddha.

Wissenschaftler haben beobachtet, dass der Alltag von Hunden in freier Wildbahn sich gravierend von dem unterscheidet, wie Hunde bei uns leben. Niemals käme ein Hund auf die Idee, so und so viele Kalorien am Tag zu verbrennen, sich fit zu halten oder auf einen Wettkampf vorzubereiten. Damen- und herrenlose Hunde, die sich oft zu Rudeln zusammenschließen, verbringen in der Regel eineinhalb Stunden des Tages mit Nahrungssuche und essen. Zwei Stunden werden für Patrouillengänge, zum Spielen und zum Erkunden der Gegend verwendet. Der Rest der Zeit, also zwanzigeinhalb Stunden, wird verschlafen und gedöst. Gibt man Hunden die Möglichkeit, nach ihrem eigenen Rhythmus zu leben, und würde man sich als Mensch ein bisschen davon inspirieren lassen – man muss es ja nicht übertreiben –, dann kann man sich an Gelassenheit, Entspannung und Zufriedenheit erfreuen. Ist das langweilig? Vielleicht ist es für einen modernen Menschen zuerst ein wenig gewöhnungsbedürftig. Doch nach und nach erobern wir uns die schönen Seiten des Lebens zurück. Wenn man nicht immer vorher weiß, was man tun wird, weil die Listen des zu Erledigenden so lang sind. Da tauchen ganz neue Leckerlis im Alltag auf.

Der wahre Buddha

Wir leben nicht, um zu glauben, wir leben,
um zu lernen.

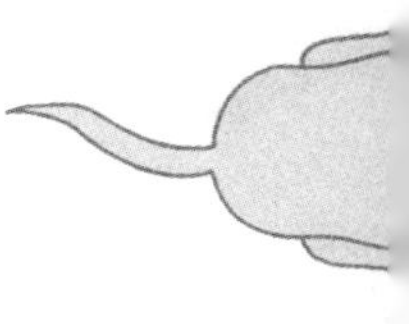

Giftköder Unwissenheit

Der Buddhismus benennt drei »Geistesgifte«, die das Leid der Menschen verursachen: Unwissenheit, Ablehnung und Anhaftung. Unwissenheit gilt als das entscheidende. Wenn wir nicht wissen, warum wir unglücklich sind, können wir es auch nicht verändern. Wenn wir nicht wissen, warum der Hund nicht zur Ruhe kommt, können wir ihm auch nicht helfen. Wenn wir nicht wissen, warum wir Rückenschmerzen haben, können wir sie nicht lindern.

Vielleicht kann die Orthopädin das? Oder eine Ernährungsumstellung, Yoga oder ein Jobwechsel? Das kann sein, aber vielleicht wissen wir das nicht, weil diese Ideen jenseits unserer eigentlichen Möglichkeiten liegen. Sich einzugestehen, dass man in gewisser Weise blind ist, kann das Leben erhellen. Denn wenn wir anerkennen, dass wir stets nur einen Teil der Wirklichkeit wahrnehmen, entlasten wir uns von der größenwahnsinnigen Vorstellung, irgendetwas tatsächlich im Griff zu haben.

Gewiss, in unseren alltäglichen Verrichtungen mögen wir Frau und Herr der Dinge sein. Doch alles, was darüber hinausgeht, entzieht sich unserem Einflussbereich. Es ist zermürbend, ständig um Kontrolle zu ringen, vor allem wenn es das Verhalten anderer Menschen betrifft. Das wir ja nur zu einem winzigen Bruchteil wirklich einschätzen können, weil wir durch unsere Augen in eine Welt blicken, die wir uns vorstellen. Wir halten unsere Interpretation für die Wahrheit. So wie ich meine Interpretation von Lunas Unterforderung für die Wahrheit hielt.

Die gute Nachricht ist, dass wir mit Umsicht und Achtsamkeit Geistesgifte meiden können. Mögen die ersten Schritte auf diesem bewussten Lebensweg auch schwerfallen, so wird es bald leichter, weil sich das Lebensgefühl verändert: bunter, weiter, leuchtender.

Den Weg von der Verblendung zur Wahrheit ist Buddha gegangen. Er nutzte seinen Verstand wie eine Lampe und beleuchtete damit, was sich in seinem Bewusstsein abspielte, bis er zum Wissenden wurde – und erfuhr, dass alles, was wir Menschen wahrnehmen, was wir denken und erinnern, ein Produkt unseres eigenen Geistes ist. Der Kaiser ist nackt! Das zu erkennen, lehrte er die Menschen.

Wenn wir diesen Weg beschreiten, meiner Meinung nach idealerweise mit einem Hund, der hin und wieder mal vorausläuft, verwandeln wir uns von einem unwissenden und um uns selbst kreisenden Wesen zu einem mitfühlenden und wissenden Menschen und können das Leiden beenden. Vielleicht nicht in diesem Leben, aber irgendwann einmal.

Warterei – Wer Hund hat, hat Zeit

Der wedelnde Buddha

Worauf wartest du? Es ist alles da. Jetzt. Schnauf mal durch und lass deine Lungenflügel wedeln.

Nicht zum ersten Mal stand ich in einem Funkloch und wartete auf meine Freundin Sunny. Das bin ich gewöhnt, denn nicht selten sagte Sunny unsere Verabredungen ab, auch kurzfristig.

Ich mag keine unzuverlässigen Menschen. Aber Sunny mag ich, also mindestens die eine Hälfte, die sich immer so lieb um Flipper kümmert, wenn ich ihn nicht mitnehmen kann, zum Beispiel auf einer längeren Zugfahrt. Oder an Orte, die ich eigentlich meiden möchte. Plätze, an denen Hunden der Zutritt verboten ist. Vielleicht wäre dies das einfachste Kriterium? Ich gehe nur an Orte, an denen ich meinen Hund mitnehmen kann. Anders gesagt: Ich halte mich nur an Orten auf, an denen ich mich wohlfühle.

Auch von Sven mag ich genau genommen eine Hälfte lieber, nämlich die fürsorgliche. Dass er manchmal so rechthaberisch ist, gefällt mir weniger. An Angela schätze ich die Hälfte ihrer Großzügigkeit und könnte auf ihre Unsicherheit gern verzichten, während ich von Peters Zuverlässigkeit schwärme und seine Schwarzmalerei mich manchmal aufregt. Ohne Frage wäre es ideal, sich die Hälften nach Geschmack zusammenzusetzen. Und ebenso fraglos vermute ich, dass auch andere mit einer meiner Hälften zufrieden wären – oder vielleicht nur mit einem Drittel, einem Viertel?

Flipper und ich warteten bereits seit einer Viertelstunde. Das heißt, ich wartete. Flipper war einfach da, nahm, was ihm geboten wurde, schnupperte herum, verweilte, zog weiter, blieb stets in meiner Nähe. Er fragte sich vermutlich nicht, warum es nicht endlich losging mit dem Spaziergang. Es war doch schon genug los. Für mich nicht. Bei mir konnte es erst losgehen, wenn Sunny da war, so war das schließlich verabredet. In meinem Warten wurde das Blau des Himmels blass, das Zwitschern der Vögel fiel von den Zweigen tief ins dämpfende Moos, der laue Wind hielt den Atem an, das Grün der Wiesen kippte in ein schmutziges Falb, alle Farben zogen sich zurück – Warten war grau und stumpf. Doch nur bei mir, nicht bei Flipper, der im Warten kein Leben versäumte. Der niemals Leben versäumt, solange er am Leben ist.

»Mensch Sunny«, sagte ich. »Jetzt reicht's dann aber mal.« Flipper spitzte die Ohren. Den Namen kannte er, die Situation auch. Man fuhr mit dem Auto wohin, stieg aus, manchmal roch Frauchen dann immer säuerlicher. Irgendwann kam wer und man machte sich auf den Weg. Was aber nicht bedeutet, dass vorher Stillstand gewesen wäre. Ständig war alles gleichberechtigt und gleichzeitig los. Nämlich das ganze große Leben. Während ich noch auf meines wartete, und zwar in Gestalt von Sunny. Kein Wunder, dass ich zunehmend schlechte Laune bekam, denn Sunny verhinderte es, dass mein Leben endlich losgehen konnte. Und wenn ich nicht mehr warten, sondern

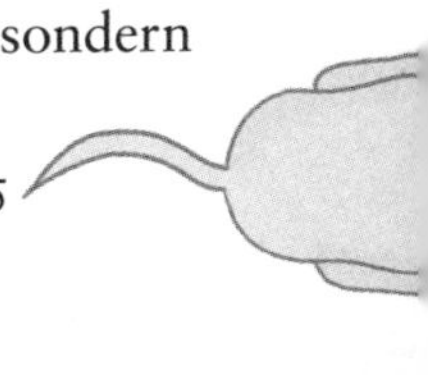

ohne Sunny starten würde? Probeweise ging ich ein paar Schritte in den Wald hinein, merkte dann jedoch, dass ich an der kurzen Leine meiner Zuverlässigkeit hing. Wenn ich mich zu einem Spaziergang verabredete, konnte ich nicht alleine spazieren gehen und es genießen.

Aber ich war nicht allein! Flipper war bei mir. Und war das Zusammensein mit ihm nicht sowieso am schönsten? Wäre es nicht wundervoll, wenn Sunny unsere Verabredung vergessen hätte, weil ich dann nur mit Flipper spazieren gehen könnte? Ich könnte den Geschichten des Waldes lauschen statt Sunnys Geschichten von ihrem Chef, die mittlerweile in der vierten Staffel liefen. Ich begann zu hoffen, Sunny möge nicht kommen. Ich fragte mich, warum ich mich überhaupt mit ihr verabredet hatte, wo es allein mit Flipper doch viel schöner war. Was hieß hier allein mit Flipper? Gemeinsamer konnte ich gar nicht sein, nämlich mit mir selbst.

Ein Mensch ist auch nur ein Hund

Der wedelnde Buddha
In jedem Menschen steckt auch ein Hund.
Und umgekehrt.

Flipper schaute in Richtung Straße. Kurz darauf tauchte ein rotes Auto auf – Sunny. Ein »Schade« durchfuhr mich, während Flipper auf das Auto zulief, das langsam zum Parkplatz rollte. Er nahm, was kam. Leben ist immer und überall. Ob Warten, ob Auto, ob Alltag, ob Geburtstag.

Ich folgte dem wedelnden Buddha und Schritt für Schritt fiel mir die säuerliche Laune aus dem Gesicht. Ich brauchte Sunny nicht böse zu sein, weshalb auch. Sie hatte mir durch ihr Zuspätkommen eine interessante Erkenntnis ermöglicht: Wenn es mir gelang, Menschen wie Hunde zu behandeln, war ich auf einem guten Weg. Das war eine krasse Idee, deshalb würde ich sie für mich behalten und keinem Menschen erzählen. Doch Tatsache war, dass mir Toleranz bei Vierbeinern, allen voran Flipper, leichter fiel als bei Zweibeinern. Vielleicht sollte ich mir, wann immer ich merkte, dass ich vorschnell zu urteilen drohte, den Menschen, der mich dazu provozierte, als Hund vorstellen?

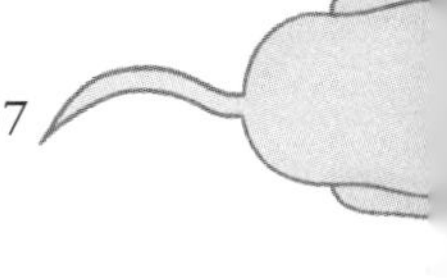

Sven wäre dann beispielsweise ein Jack Russel Terrier. Sie neigen zur Selbstüberschätzung, gelten als energisch und stur und legen ein großes Selbstvertrauen an den Tag, ähnlich wie Sven, wenn er sich in seiner Rechthaberei festbiss. Oder würde ein Wolfsspitz Sven besser kleiden? Der verfügt auch über großes Selbstbewusstsein und ist in der Regel eine recht eigenständige Persönlichkeit. Aber er verhält sich Fremden gegenüber oft unnahbar, so war Sven nicht. Allerdings legt ein Wolfsspitz wenig Wert auf Kooperation, wenn es um sein Revier geht, und das erinnerte durchaus an Sven, der seine Meinung als die einzig richtige gelten lassen wollte. Was mich jetzt aber überhaupt nicht mehr aufregte, weil es mich begeisterte, mir die Zwei- als Vierbeiner vorzustellen.

Ich musste nicht recht haben, aber in der großzügigen, jedoch unsicheren Angela sah ich sofort einen Windhund, und zwar konkret ein italienisches Windspiel. Ein unglaublich netter und auch agiler Hund, der aufgrund seiner hohen Sensibilität schnell unsicher wird. Auch Angela reagierte wie ein italienisches Windspiel rasch und manchmal auch ein bisschen extrem auf Stimmungen ihrer Artgenossen. Meine neue Charakteristik begeisterte mich. Warten war wunderbar, ... aber leider nun vorbei.

Fest schloss ich die zierliche Sunny mit dem hoch angesetzten brünetten Pferdeschwanz in meine Arme. Als ich ihr vertrautes Parfüm roch, das viele Erinnerungen in mir weckte, freute ich mich aufrichtig, sie zu sehen. Flippers Rute klopfte abwechselnd an ihre und meine Beine. Weniger wegen ihres Parfüms, eher wegen der Leckerlis, die sie ihm stets mitbrachte. Sunny zog mich zu ihrem Auto und sagte: »Mach mal die Augen zu.« Und dann reichte sie mir ein Paar selbst gestrickter Socken. »Für dich!«

In Sunny steckte also auch ein Hund, wenngleich ich noch nicht wusste, welcher. Hunde bringen zur Begrüßung häufig Geschenke, auch Flipper. Wissenschaftler haben dafür Gründe gefunden, zum Beispiel weil er mich zu einem Spielchen einladen möchte. Oder weil er so begeistert ist, dass ich nach Hause komme, dass er gleich irgendwo reinbeißen muss, um überschüssige Energie loszuwerden. Oder um mir seine friedliche Absicht zu demonstrieren. Oder um mir in meiner Eigenschaft als Haushaltsvorstand ein Geschenk zu überreichen, das machen Wölfe auch bei ihren Rudelführern. Ach, was soll ich noch länger um den heißen Knochenbrei rumreden? Im tiefsten Herzen bin ich überzeugt: Es ist eine Geste der Zuneigung. Und manchmal mag sie auch eine Prise Strategie enthalten.

Der wahre Buddha

Wenn ein reiner Geist aus einem Menschen spricht,
wenn ein Mensch mit reinem Geist handelt, folgt ihm
das Glück wie ein nie vergehender Schatten.

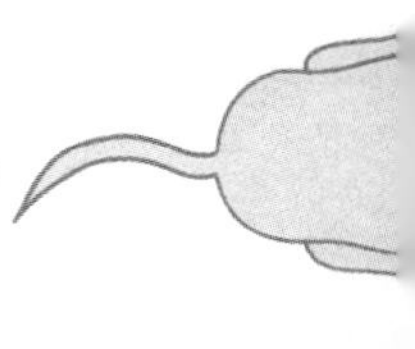

Pausenclown

Mögen wir auch die Stimme unseres Herzens ignorieren, das sich nach einer Pause sehnt, wenn der Hund uns sein Lieblingsspielzeug vor die Füße wirft, halten wir inne mit unserer momentanen Tätigkeit. Vielleicht spielen wir bloß zwei, drei Minuten mit ihm. Vielleicht merken wir dabei, dass wir dringend eine längere Pause brauchen: Wie wär's damit, den Rest Arbeit auf morgen zu vertagen? Jetzt gleich ein kleiner Abendspaziergang? Weder die Bügelwäsche noch die Steuer oder der Abwasch laufen weg – die sozialen Netzwerke sowieso nicht. Die fangen uns gleich wieder ein, und dann zappeln wir in den engen Maschen. So schenken uns die Vierbeiner immer wieder kleine Herzensfreuden zwischen den größeren Spaziergängen, in denen wir richtig auftanken.

Schon so manches Mal habe ich mich allerdings gefragt, ob ein Gassigang wirklich so nötig war, wie Flipper vorgab. Minutenlang fixierte er mich, lief zur Tür, ... ich wollte unbedingt noch ein Kapitel zu Ende schreiben. Sein Hin und Her machte mich nervös. »Gleich«, sagte ich mehrmals und hatte den roten Faden doch schon verloren. Also dann eben eine Pause. Ich trat sie widerwillig an, um Schaden vom Teppich abzuwenden. In Wirklichkeit wendete ich Schaden von mir selbst ab. Und von meinem Text. Denn den roten Faden, das wurde mir nun bewusst, hatte ich schon vorher verloren. Vermutlich hatte

Flipper das gemerkt und mich zu einer Kunstpause aufgefordert. Oder Dog-Doc war der Meinung, dass meine Vitalwerte dringend einer Auffrischung bedurften? Sonst hätte er seine Geschäfte wohl schneller erledigt, die sich bei genauerer Betrachtung in heiße Luft auflösten. Und dort materialisierte sich: Wer an seinen Hund denkt, tut seinem Herzen Gutes.

Wenn ich es mir genau überlegte, konnte das doch kein Zufall sein, dass Flipper manchmal innerhalb von Sekunden seine Geschäfte erledigte und dann wieder sehr lange Akten studierte, ehe er einen Abschluss tätigte. Steckte da vielleicht Kalkül dahinter? Spürte der wedelnde Buddha es, wenn Frauchen an etwas kaute? Wenn ihr etwas Kopfzerbrechen bereitete, ihr quer im Magen lag? Wie ein sperriges Kapitel. Wenn sie Schwierigkeiten hatte, eine unangenehme Nachricht zu verdauen? Was half in einem solchen Fall? Ein Perspektivenwechsel. Also musste Flipper dafür sorgen, dass ich rauskam, denn in der Natur finden sich Antworten für alles. So passte er seine Geschäfte meinen inneren Verdauungsprozessen an. Es kann gar nicht anders sein, denn wir kamen immer erleichtert zurück. Beide.

Und wie charmant, dass Flipper diese Krisenintervention mit einem Geschenk einleitete. Er konnte ja nicht reden und mir besorgt mitteilen:

Hey, du hockst jetzt seit Stunden am Schreibtisch. Willst du Krampfadern kriegen?

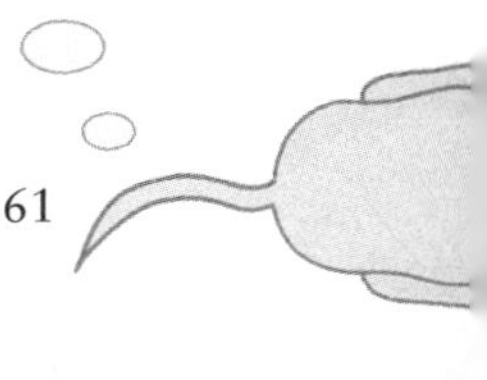

Flipper legte mir allerdings nie Probleme vor die Füße, sondern immer Lösungen – was ich jedoch manchmal erst mit Verspätung merkte. Widerwillig ging ich also mit ihm raus. Spürte jedoch nicht, dass ich draußen war. Denn eigentlich war ich noch drinnen, in meiner Geschichte. Erst nach ein paar Metern, vielleicht waren es auch hundert, merkte ich, dass irgendwo unten an mir dran Füße hingen, und die liefen über einen Feldweg, die Haut der Erde. Oberhalb meines Kopfes befand sich ein Himmel, den konnte ich sehen, blauweiß, wie es sich für Bayern gehört. Dazwischen war Luft. Die roch vorschriftsgemäß nach der herrschenden Jahreszeit und ich konnte sie einatmen. Und wieder ausatmen. Wie sagte die Yogalehrerin immer so bildhaft? »Alles Alte ausatmen. Neues einatmen.« Na gut, wenn ich schon mal da war.

So brachte Flipper mich mit seiner vielleicht nur vorgeschobenen Dringlichkeit Schritt für Schritt zu mir. Ich dachte, er müsste raus, doch er musste gar nicht, wusste aber, dass ich rausmusste. Und wie immer hatte Flipper recht: Draußen sah die Welt anders aus, und nicht selten fand ich irgendwo im Gras oder am Himmel das gesuchte Versatzstück für meine Geschichte. Am wahrscheinlichsten ist jedoch, dass Flipper es für mich apportierte. Ich traute ihm sogar zu, als Regisseur die Pfoten im Spiel zu haben. Und meistens nahm ich mir vor, was ich am nächsten Tag schon wieder vergessen hatte: bewusst zu atmen. Denn das Atmen verbindet uns alle mit allem. Auch mich und Flipper. Unsere ganze Welt, ein und aus. Und irgendwann zum letzten Mal. Und dann wieder auf ein Neues. Ein und aus.

Grasgrünes Glück

Auf den ersten Blick scheinen Hunde uns nur ins Freie zu führen. Auf den zweiten ist es Freiheit, die sie uns anbieten.

Ich gestehe: Ohne Hund wäre ich eine Stubenhockerin. Oder maximal eine Gartenliegerin. Ich bewege mich wirklich gern, aber im Fitnessstudio kann ich auf dem Fahrrad lesen. Nein, spazieren gehen gehört nicht zu meinen Favoriten, und dennoch mache ich es seit Jahrzehnten mindestens zweimal täglich. Vermutlich bin ich ein bisschen seltsam. Liebe versetzt Berge.

Studien haben herausgefunden, dass unsere Umgebung Einfluss darauf hat, wie stressresistent wir sind. Wenn wir uns im Grünen aufhalten, ja wenn wir nur in die Natur blicken, beruhigt uns das schon. Und Beruhigung ist dringend nötig in diesen nervösen Zeiten. Es leben auch immer mehr Menschen in Städten, wo viel Hektik haust. Die Sehnsucht nach der Natur wächst. Leute sagen: Ich muss mal wieder in die Natur. Das finde ich lustig. Denn irgendwie heißt das: Ich muss mal wieder in mich rein. Wir sind Natur, ohne Natur gar nicht denkbar und also auch nicht fühlbar, wenn wir nicht hin und wieder einen Zwischenstopp in uns drin einlegen. Dass wir den nicht ausfallen lassen, dafür sorgen unsere pflichtbewussten, treuen Begleiter. Auf den ersten Blick scheinen Hunde uns nur ins Freie zu führen. Auf den zweiten ist es Freiheit, die sie uns anbieten.

Natur nährt uns. Vielleicht halten deshalb immer mehr Menschen Haustiere als Verbindung zum großen Ganzen. Eine Nabelschnur zu unser aller Herkunft. Tatsächlich wirkt das Draußensein wie Medizin – nun es gibt ja auch die Naturheilkunde. Wenn wir uns in der Natur aufhalten, sinken Blutdruck und Puls wie auch der Cortisolgehalt im Blut, die Herzfrequenzvariabilität ist flexibler. Kurz: Unser Körper entspannt sich. Aber auch die Seele: Wir sind entspannter, besser gestimmt, und das erreicht man zur Not, wenn auch in kleinem Maße, sogar mit Naturfilmen.

Wenn ich mit Flipper draußen bin, bleiben meine Gedanken nicht an den üblichen Dingen hängen. Ich müsste mal wieder staubsaugen. Was gibt's heute zu essen? Ich komme auch nicht auf die Idee, noch schnell eine E-Mail zu schreiben. Wenn ich mit Flipper unterwegs bin, habe ich meistens gar kein Smartphone dabei. Wozu auch, es würde mich nur von den wesentlichen Dingen ablenken: Flipper und ich draußen. Manchmal brauche ich ein paar Minuten, bis ich dort angekommen bin. Wir gehen vertraute Pfade und entdecken neue Wege, und ich denke neue Gedanken.

Die Natur ist voller Metaphern. Sie wachsen im Gras, der Wind bläst sie durch die hohen Wipfel der Bäume, sie kitzeln mir duftend in der Nase und, wohin ich auch blicke, entdecke ich sie in den Pflanzen um mich herum. Manchmal bücke ich mich nach einer Kindheitserinnerung, die auf einem Gänseblümchen sitzt, dann bleibe ich vor einem schief gewachsenen Baum stehen, der mich an ein Buchkapitel erinnert, das auch ein bisschen aus der Mitte gerutscht ist. Zufall? Oder ist es nicht vielmehr so, dass Flipper mich gezielt an diese Orte führt, gerade so, als wüsste er ganz genau, was mich im Inneren beschäftigt? Und weil er weiß, dass Natur heilt?

Der wahre Buddha

Ein disziplinierter Geist bringt Glück: Nicht außerhalb, nur in sich selbst ist Frieden zu finden.

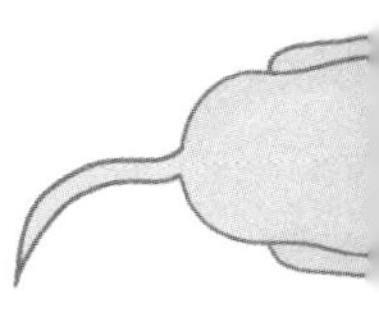

Dösen ist Meditation

Flipper liegt im Gras und schaut und tut nichts, liegt da nur so rum. Vom Schreibtisch aus schaue ich in den Garten und beobachte ihn. Was denkt er? Denkt er überhaupt was? Diese Meisterleistung, nichts zu denken, traue ich ihm zu – und beneide ihn darum. Während mir das vielleicht gerade mal zwischen zwei Lidschlägen gelingt, kann der wedelnde Buddha vermutlich stundenlang meditieren. Als wahrer Meister nimmt er dazu keinen aufrechten Sitz ein, atmet nicht bewusst, formt seine Krallen in kein Pfotenmudra. Er liegt und schaut gleichzeitig nach außen und nach innen, will mir scheinen. Aufmerksam, wach und dennoch völlig entspannt im Hier und Jetzt. Ein Vorbild für mich und auch eine Erklärung für seine Gelassenheit. Denn wenn man so viel wie er meditiert, muss das doch irgendwann Früchte tragen.

Durch Meditation lernen wir, unseren Geist zu kontrollieren, lassen falsche Projektionen los, sehen die Realität, wie sie wirklich ist, und werden dadurch innerlich gelassen. Meditation befreit uns von all den lästigen Äußerlichkeiten, die uns nicht guttun. So lese ich es, und es klingt ganz einfach, doch in meinem Hirnkastel geht's manchmal zu wie bei Hempels unterm Sofa. Aber das muss ja nicht so bleiben, vor allem nicht mit einem wedelnden Buddha als Vorbild. Der braucht keinen der üblichen Tipps, um Gedanken zu kontrollieren. Zum Beispiel, dass man sie sich wertfrei als Wolken am Himmel vorstellt, die Wolke für Wolke weiterziehen. Flipper und seinesgleichen benötigen keine Handlungsanweisung, um Gedankenruhe zu genießen, vermute ich. Für mich und meinesgleichen ist es kaum möglich, nicht zu denken – oder nur mit sehr viel Übung. Doch je öfter wir uns die Medizin Meditation gönnen, desto deutlichere Auswirkungen zeigt sie auf alle unsere Lebensbereiche. Ob Job oder Beziehung, vieles verändert sich, und das ist auch wissenschaftlich erwiesen:

Wie die Süddeutsche Zeitung in ihrem Artikel »Mönche in der Magnetröhre« vom 19. Mai 2010 berichtete, wurden acht vom Dalai Lama ausgewählte Mönche von seiner Heiligkeit als Probanden an die University of Wisconsin gesandt. Sie sollten dem Neuropsychologen Richard Davidson dabei helfen, herauszufinden, was genau im Gehirn bei der Meditation geschieht. Die Befunde zeigen, dass Meditation und mentale Disziplin zu grundlegenden Veränderungen im Gehirn führen. Optimistische Menschen haben einen aktiveren linken Frontalcortex als unglückliche. Offenbar hält dieses Hirnareal schlechte Gefühle im Zaum und sorgt für die heitere Ausgeglichenheit und Gemütsruhe, die so viele Buddhisten auszeichnet.

»Glück ist eine Fertigkeit, die sich erlernen lässt wie eine Sportart oder das Spielen eines Musikinstruments«, lautete Davidsons Schlussfolgerung, der die Mönche in einem weiteren Versuch unter die enzephalografische Lupe nahm, während sie die Meditation des vorbehaltlosen Mitgefühls praktizierten, wobei 256 über den gesamten Schädel verteilte Fühler ihre Hirnströme maßen. Zum Vergleich diente eine Gruppe Meditationsnovizen – und es zeigten sich beeindruckende Unterschiede. Während

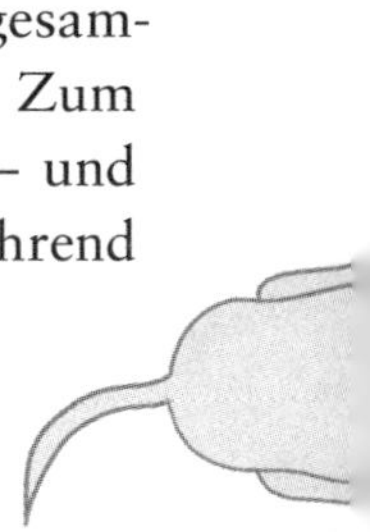

im Gehirn der Mönche die sogenannte Gamma-Aktivität stark anstieg, erhöhte sie sich bei den ungeübten Probanden kaum. Aber so entspannt ein buddhistischer Mönch bei der Meditation wirken mag – sein Gehirn ist extrem wach, wacher, als wir es im Alltag jemals erreichen.

Meditation schenkt uns Klarheit. Innere Stimmen werden leiser oder können sogar verstummen. So erkennen wir: Es ist die Identifikation mit den Gedanken, die das Leid über uns bringt. Wir sind nicht unsere Gedanken! Sie sind so mächtig! Deshalb ist es wichtig, zu wissen, dass wir sie kontrollieren können. Unkontrolliert spuken sie durch unser Hirn und spucken uns auch mal auf den Kopf. Diese Unsitte ist Flipper fremd. Er liegt dösend im Gras und denkt nicht: Ich muss dringend noch diese Terminsache erledigen und außerdem muss ich noch etwas am Gartenzaun posten. Meine Gedanken hingegen kennen keine Zäune und Zeiten, obwohl ich als Schriftstellerin doch sonst akribisch auf die korrekte Erzählzeit achte. Flipper ist ein Meister im disziplinierten Dösen. Gut, dass ich solch einen erfahrenen Meditationslehrer im Haus habe!

Hier menschelt es – Wo Hund draufsteht, ist Hund drin

Der wedelnde Buddha

Was du mit Liebe betrachtest, erblüht.

Das Tolle an Lassie war, dass sie quasi ein Mensch war, ein Übermensch, denn sie wusste mehr als die wahrnehmungsblinden und -tauben Zweibeiner. Mit Lassie konnte man reden, sie verstand jedes Wort und Gedanken konnte sie obendrein lesen. Natürlich bin ich überzeugt davon, dass Flipper diese Kunst auch beherrscht. Ich liebe ihn, und deshalb sehe ich seine Fähigkeiten und Potenziale im allerhellsten Licht. Eigentlich will ich gar nicht so genau wissen, was davon Einbildung ist. Und selbst wenn es so wäre, dann … verfügt er eben über Qualitäten, die ich gar nicht benennen kann, weil mir die Begriffe dazu fehlen. An Fantasie hat es mir noch nie gemangelt. So kann ich mir sehr gut vorstellen, dass Hunde Aufgaben erfüllen, die weit über Aufpassen, Apportieren, Absuchen hinausreichen, Dienstleistungen, von denen wir keine Ahnung haben.

Nur mal angenommen, Hunde würden uns wie Schutzengel gesandt, die darauf achten, dass wir nicht vom Weg

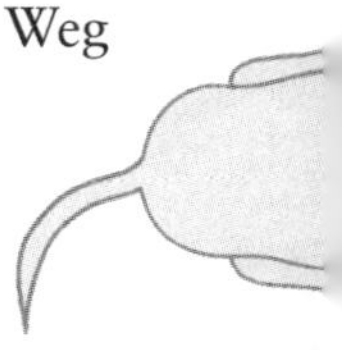

abkommen – mit einer Rute statt zwei Flügeln. Oder sie sind Träger karmischer Prüfungen, mit denen wir etwas wiedergutmachen können, was wir in einem Vorleben verbockt haben. Oder wir selbst werden in einem späteren Leben daran gemessen, wie wir unsere Hunde behandelten – oder alle Tiere? Das will ich mir jetzt lieber nicht ausmalen und schließe das Reich der Fantasie. Da ich das bewusst tun kann, gehört es nicht in den Bereich der unkontrollierten Gedanken. Die möchte ich nämlich an die Leine nehmen, ganz buddhistisch.

Fantasie ist etwas anderes als Gedankenkarussell. Buddhisten schulen ihren Geist darin, ihre Vorstellungen von der Realität zu unterscheiden beziehungsweise zu erkennen, dass die sogenannte Realität unseren subjektiven Ideen entspringt. Wenn wir etwas für gut, für attraktiv halten, blenden wir alle negativen Aspekte aus oder spielen sie zumindest herunter. Besonders deutlich wird das, wenn man sich verliebt. Man kann sich übrigens auch in einen Welpen verlieben. Aber angenommen man verliebt sich in einen Menschen, dann sieht man ihn im allerbesten Licht und erzählt allen Freundinnen und Freunden, dass es der tollste Mensch überhaupt ist. Was man auch an seiner Schlafgewohnheit merke, er strecke nämlich die Füße aus dem Bett, sie baumelten sozusagen in der Luft, worin sich sein freiheitsliebender Charakter offenbare. Ganz zu schweigen von seiner Herzensgüte, selbst wenn er die Suppe mit dem Kochlöffel umrühre oder eine Fliege erschlug, spüre man Liebe fließen. … Wer kennt solche rosarot vernebelten Blickeintrübungen nicht.

Und wäre der Neuzugang kein Mann, sondern ein Welpe, so wäre es genial, dass er sämtliche Pullover aus dem Schrank gezerrt und zerrissen hätte. »Ich habe so viele Klamotten, und er hat mich daran erinnert, wie wichtig Nachhaltigkeit ist.« Falls der größer werdende Hund als Nächstes die Mäntel schlachtet, kann die Nachsicht kippen. »Immer muss er was kaputtmachen.« Liebe schlägt in Überdruss und Ärger um, Unzulänglichkeiten rücken in den Vordergrund und werden dort genauso aufgebauscht wie zuvor die, wenn auch nur rudimentär vorhandenen, guten Eigenschaften. Entweder – oder. Gesockelt oder gestürzt.

Es ist gerade so, als hätten wir unser Gegenüber in einen Karton gepackt und ein Schild draufgeklebt: Du bist so und so – und das erscheint unveränderbar. Aber wir leben nicht jeden Tag, ja nicht einmal jede Stunde mit demselben Label. Jeder von uns ist ständig auch ein anderer, je nach innerem und äußerem Wetter und Gegebenheiten.

Glücklich ist, wer einen Hund an seiner Seite weiß, der nicht nur Herzen, sondern auch Kartons mit seinem Wedeln öffnet.

Flipper steckte mich in keinen Käfig mit der Aufschrift »Mein perfektes Frauchen«. Er nahm mich, wie ich bin. Und genau deshalb konnte ich mich zu einer immer besseren Version von mir selbst entfalten. Als solche erwarte ich von Flipper keine übermenschlichen Leistungen. Er darf Hund sein – und als Mensch darf ich mir manchmal weiterhin ausmalen, was alles in ihm stecken könnte, selbst wenn manches ins Reich der Fantasie gehören mag. Was man mit Liebe betrachtet, erblüht.

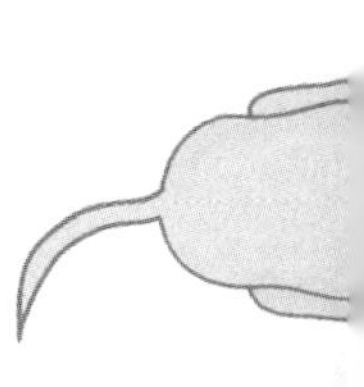

Hundelatein

Der wedelnde Buddha

Wenn du deinen Hund liebhast:
Lass ihn Hund sein.

Hunde haben ein rudimentäres Verständnis von menschlicher Sprache und können mindestens bis fünf zählen. Auf einen Blick erkennen sie, in welcher von zwei Schüsseln sich mehr Futter befindet. Sie können Strategien entwickeln, um sowohl Artgenossen als auch Zweibeiner hinters Licht zu führen. Ein Beispiel: An der Leine läuft ein Hund, und in der Ferne taucht ein anderer auf.

Mit dem würde ich jetzt total gern spielen,

signalisiert der Hund seinem Menschen, und der hakt gutmütig den Karabiner auf, obwohl der offizielle Hundefreilauf erst ein Stück weiter vorne beginnt. Pflichtschuldig schnuppert der Hund einmal an dem Artgenossen, spielt vielleicht sogar zehn Sekunden mit ihm, um dann Fersen- sprich Pfotengeld zu geben und seinen ursprünglichen Plan zu verfolgen, nämlich zum Komposthaufen in einem Garten zu laufen, der ihm höchst verlockend in der Nase gekribbelt hat.

Solche Beobachtungen, die uns als Menschen durchaus vertraut sind, verführen dazu, Hunde zu vermenschlichen. Doch wenn wir unsere Hunde liebhaben, dann lassen wir sie Hunde sein. Genauso, wie sie uns Mensch sein lassen. Und ich glaube, in ihrer Gesellschaft bessere Menschen.

In zahlreichen Versuchen haben sie Verhaltensweisen gezeigt, die auf Planungsfähigkeit schließen lassen, und sie können sogar einschätzen, was ein anderes Individuum, ob Hund oder Mensch, als Nächstes tun wird, und sich dementsprechend verhalten. Vierbeiner tricksen übrigens nicht nur Zweibeiner, sondern auch Artgenossen aus. Zum Beispiel: Hund A spielt mit einem Ball, auf den Hund B scharf ist. Anstatt den Ball direkt einzufordern, fängt er seinerseits an, hochinteressiert an etwas herumzuschnuppern oder einen Stock durch die Gegend zu tragen. Das alles mit einer Körpersprache, als hätte er soeben die tollste Sache der Welt entdeckt. Was wiederum die Neugier von Hund A weckt, der nun den Ball fallen lässt und wissen will, was der Kollege da Spannendes hat. Überflüssig zu erwähnen, wie schnell Hund B bei seinem Objekt der Begierde, dem Ball, ist.

Hunde wissen, mit welchen Schuhen Gassi gegangen wird und welche Schuhe Frauchen anzieht, wenn sie das Haus allein verlässt. Wer mit Hunden lebt, kennt das Gefühl, gläsern zu sein. Alles scheint der Vierbeiner im

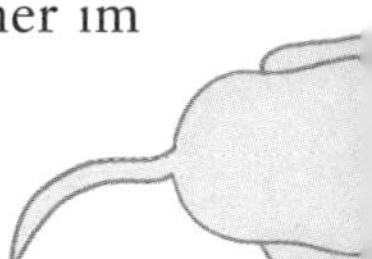

Voraus zu wissen. Hunde durchschauen ihre Menschen und lassen sich nicht täuschen, da kann man sich noch so sehr bemühen, so zu tun, als ob. ... Zum Beispiel das Ballwerfen. Hunde lassen sich nicht von einer Wurfbewegung täuschen. Gerade so, als würden sie in unserem Hirnkasterl sitzen, wo die Bewegung beginnt. Im Herz sitzen sie ohnehin und haben die wundervolle Gabe, artübergreifend eine Beziehung einzugehen mit einem Lebewesen, das nicht ihresgleichen ist. Das erscheint uns oft so normal, dass wir diese enorme Leistung gar nicht mehr würdigen. Wenn im Alltag alles gut klappt, vergessen wir das großartige hundliche Entgegenkommen, sich in ein Menschenrudel einzufügen und die Gebräuche eines artfremden Wesens zu deuten. Schon nach kurzer Zeit können Hunde verschiedene Zeichen interpretieren:

Aha, sie zieht die Turnschuhe an, wir gehen in den Wald. Mist, der Einkaufskorb, da muss ich warten. Herrchen ist da, super, das verspricht einen langen Spaziergang. Das gelbe Auto kommt: Gleich krieg ich ein Leckerli.

Alle diese Zuordnungen sorgen für ein Gefühl der Sicherheit. Der Alltag ist berechenbar, und auf meinen Menschen kann ich mich verlassen. Wir Zweibeiner reagieren genauso. Wir vertrauen jenen Menschen, die wir gut einordnen können. Unheimlich ist uns derjenige, dessen Verhalten uns Rätsel aufgibt. Angst macht, was wir nicht einschätzen können.

Man sagt, als Mensch sucht man sich keinen Hund aus, sondern wird vom Hund ausgesucht. Aber wen sucht sich der Hund aus? Vielleicht weiß er von Anfang an mehr von uns, als wir ahnen. Davon unabhängig prüft er uns sehr genau, ehe er sich nach einer Weile tiefer und vertrauensvoll an uns bindet. Er stellt uns viele Fragen und beantwortet sie sich aufgrund unseres Verhaltens. Und hier wachsen wir oft über uns hinaus, ganz einfach, weil wir dem uns anvertrauten Geschöpf Sicherheit bieten, sein Vertrauen nicht enttäuschen wollen. Das heißt, dass ein Hund allein durch seine Existenz unsere besten Eigenschaften zum Vorschein bringen kann und uns bei der Entwicklung zu einer reifen Persönlichkeit unterstützt. Womöglich ist das der größte Gewinn eines harmonischen Miteinanders: Hunde motivieren uns, die beste Version von uns selbst zu verwirklichen.

Sie spornen uns an, indem sie uns fragen:

Kannst du mich beschützen?
Kannst du eine Grenze setzen?
Kannst du Konflikte regeln?
Kannst du Nein sagen?
Kannst du mich satt machen?
Erlebe ich mit dir tolle Sachen?
Kannst du Probleme lösen?
Kannst du unser Rudel zusammenhalten?
Kannst du Auswege finden?

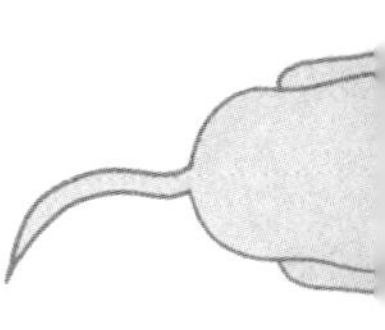

All diese Fragen stellen wir auch bezüglich unserer eigenen Artgenossen, mit denen wir eine engere Beziehung eingehen. Und wenn wir sie bejahen können, wächst Vertrauen, wir öffnen unser Herz und möchten auch unsererseits für die anderen da sein. So bildet sich Seelenspeck, mit dem auch eine Krise gemeistert werden kann. Dabei ist Augenhöhe wichtig, dennoch gibt es meistens einen, der führt, und einen, der folgt. Das kann immer derselbe sein oder wechseln.

Was unsere vierbeinigen Freunde betrifft, legen sie in der Regel Wert darauf, sich nicht mit Chefsachen befassen zu müssen. Eine kluge Entscheidung, denn wenn man all diese formalen Fragen und die Bürokratie anderen überlässt, hat man mehr Zeit für die schönen Seiten des Lebens und kann trotzdem mit Geschick und Liebe die Lebensroute navigieren. Nicht cholerisch, sondern klug. Nicht wie eine rotgesichtige Chefkarikatur, sondern wie ein wedelnder Buddha. Wenn uns unser Hund auffordert, die Führung des Rudels zu übernehmen, dann macht er das ganz buddhistisch zu unserem Wohl. Und wir können diesen Job zu seinem Wohl annehmen. So hilft ein Hund seinem Menschen, vielerlei Qualitäten zu entwickeln, die eine Voraussetzung dafür sind, dass das Leben schön ist. Selbstbewusstsein, Selbstwirksamkeit, Gelassenheit, Spontaneität … Ja, dass wir lernen, zu führen. Das ist nichts, wofür wir uns schämen müssen, sondern hilft uns dabei, auch mal Nein zu sagen, nicht das zu tun, was wir glauben, dass andere möchten, dass wir tun. Das Leben zu leben, das wir gerne leben möchten. Mit einem Hund an der Seite ist das ein bisschen leichter.

Der wahre Buddha

Alles, was wir hier und heute sind, ist das Resultat unserer Gedanken.

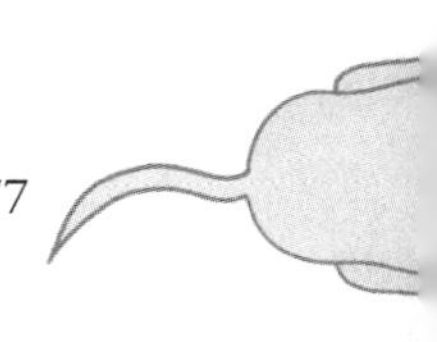

Rudelführer

Die meisten Hunde schließen sich bereitwillig einer starken Führung an. Allerdings muss der oder die Vorgesetzte erst einmal beweisen, dass er oder sie wirklich dazu imstande ist. Und hier sind viele Zweibeiner über sich selbst hinausgewachsen. Was sie selbst für sich oft jahrelang nicht verwirklichen konnten, klappt, wenn sie es für den Hund tun. Denn wenn ein Hund unsicher wird, kann das zu vielen Missverständnissen und auch Verhaltensauffälligkeiten führen. Es gibt übrigens nur sehr wenige Hunde, die eine Führungsposition anstreben, denn Chef zu sein, ist kein Spaß. Und er steht bei vielen Zweibeinern auch in keinem guten Ruf. Da fallen einem häufig eher die unsympathischen Zeitgenossen ein, die ihre Interessen mit den Ellenbogen durchboxen. Doch das beweist keine Führung, sondern schlechtes Benehmen. Wahre Autorität bedeutet Authentizität, und die verträgt weder laute Stimmen noch Drohgebärden. Einem Menschen, der natürliche Autorität ausstrahlt, folgt man gern. Man vertraut sich ihm an, weil er einem ein Gefühl von Sicherheit vermittelt. Das schätzen auch Hunde.

Ein gut geführter Hund verlässt sich auf die Kompetenz seines Menschen, wenn er selbst nicht mehr weiterweiß. Er wird von dem Vertrauen geleitet, dass sein Herrchen oder Frauchen ihn beschützt und eingreift, wenn er in Not ist. Wenn meine Schützlinge mir dieses Vertrauen ausgesprochen haben, war ich stets tief berührt. Ich weiß noch, wie Luna einmal Kontakt mit einem Elektrozaun hatte. Ihr erschrockenes Aufjaulen habe ich heute noch im Ohr. Wie ein Blitz spurtete sie zu mir und suchte Schutz. Sie hätte auch das Weite suchen können.

Wenn ich für Flipper ein Dummy sehr schwierig, fast schon gemein verstecke und er bereits ein paar Minuten gesucht hat, schaut er mich irgendwann an:

Hast du eine Ahnung, wo es sein könnte?

Auch das berührt mich sehr. Wie auch, wenn ihm etwas unheimlich ist und er mir einen Blick zuwirft, um meine Einschätzung abzufragen.

Soll ich dieser gefährlich knatternden Plastiktüte den Garaus machen oder würdest du vorschlagen, dass wir Reißaus nehmen?

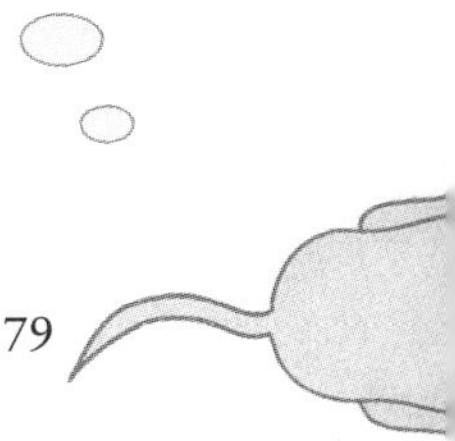

Oder wenn uns am See jemand zu nah auf die Pelle rückt mit seinem Handtuch. Eine kurze Frage an mich:

Und auch ich möchte manchmal eine Einschätzung von ihm, besonders wenn wir uns in die Bereiche höherer Hundemathematik begeben, wenn wir anderen Hunden begegnen. Hier überlasse ich Flipper die Führung, denn er weiß viel besser als ich, ob ein Entgegenkommender friedlicher Absicht ist oder ob man besser einen Bogen um ihn macht, weil man keine Lust auf Rüpeleien hat. Ich werde ihn dann ganz gewiss nicht zu mir rufen, um zu zeigen, wie toll er folgt und wie toll er an meiner Seite an dem auf Krawall gebürsteten Artgenossen vorbeigehen kann. Ich lasse Flipper in seinem Verantwortungsbereich seine eigenen Entscheidungen treffen. So ist unser Miteinander wie ein Tanz, einmal führt er, einmal führe ich, und gegenseitig anerkennen wir unsere Kompetenzen.

Chefsache

Ein echter Chef und eine echte Chefin strahlen allein durch ihre Anwesenheit Ruhe und Autorität im positiven Sinn aus. Man fühlt sich wohl bei ihnen und verstanden. Einen Hütehund mit einer Objektbewachung zu betrauen und sich dann zu grämen, weil schon wieder eingebrochen wurde, wäre genauso verkehrt wie einen Wachhund zur Akquise neuer Kunden zu schicken.

Gute Chefs und Chefinnen kennen die Vorlieben und Talente ihrer Vierbeiner und fördern und fordern sie. Das spüren die Mitarbeiter, wissen das zu schätzen und erledigen deshalb auch Aufgaben, die ihnen nicht so gut gefallen. Denn das muss ja auch getan werden. Auch wenn eine Aufgabe vom Mitarbeiter zuerst als Überforderung eingestuft wird, glaubt er trotzdem, sie zu meistern, da er der Einschätzung der Chefs vertraut. Die Autorität der Chefs wird nie infrage gestellt, denn zu oft haben sie bewiesen, dass ihre Entscheidungen dem Wohle aller dienen.

Bei solchen Chefs fühlt man sich als Hund aufgehoben. Da setzt man einen fetten Pfotenabdruck unter den Arbeitsvertrag und erscheint täglich pünktlich. Nicht mal im Traum denkt man an Kündigung und bleibt treu bis zur Rente.

Und die Chefs wiederum profitieren von permanenter Persönlichkeitsentwicklung. Im Grunde genommen ist Leben mit Hunden ein pausenloses Assessment-Center

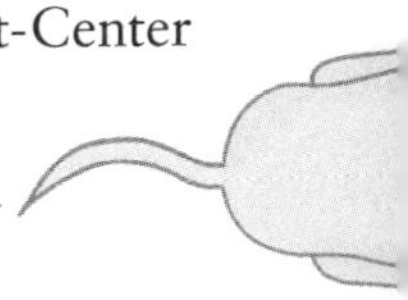

und Selbstbewusstseinstraining. Und was wir im Zusammenleben mit unseren Hunden lernen, kommt uns in allen Lebensbereichen zugute.

Der wahre Buddha

Ein süßes Wort kann uns mehr erfrischen als Wasser
und Schatten.

Flohzirkus – Weil Hunde nichts haben, gehört ihnen alles

Der wedelnde Buddha

Lass uns rausgehen und durch unsere Herzen strawanzen beim spazierenfühlen.

Flipper wusste schon Tage zuvor, dass Unheil drohte, nämlich ein Urlaub. Wenn es nach ihm ginge, bräuchte man so etwas nicht. Daheim ist es am schönsten. Und überhaupt, wovon sollte man sich erholen, wenn man im Einklang mit seinen Bedürfnissen lebte? Wieso sollte man woanders hinfahren? Das brachte doch nur Unruhe ins Rudel. Nun, an Flippers Stelle hätte ich auch keinen Urlaub gebraucht. Flipper hatte immer Urlaub in seinem komfortablen Ressort mit Vollpension in herrlicher Gegend, Spa-Besuche inklusive.

Wir leben in einer Gegend, in der andere Leute Urlaub machen. Ihm war das bewusst, nein, mehr noch: Für Flipper gab es keine Trennung zwischen Alltag und Urlaub, Freizeit und Arbeit. Flipper war einfach da und lebendig, und zwar 24/7. Bewundernswert! Ich hingegen gönnte mir viel zu oft nur kleine Zeitfenster, in denen ich tun durfte, was ich wollte. Was jetzt nicht heißen soll, dass

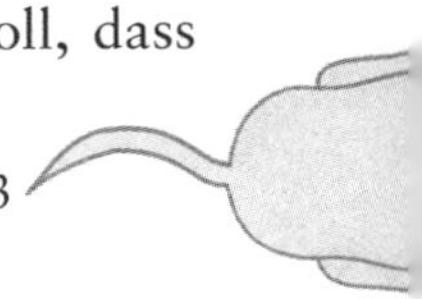

ich mich als Sklavin meiner selbst gewählten Existenz betrachtete. Aber irgendwo war da doch der Wurm drin. Warum konnte ich mich zu Hause nicht so entspannen, wie Flipper es mir behaglich vormachte, auf seinem Schaffell, im Garten, auf dem Sofa, oder wenn er einfach nur durchs Haus lief? Nicht mal in meiner sogenannten Freizeit setzte ich mich mal irgendwohin. Dauernd war etwas zu tun, nicht bloß der ganz normale Alltag mit Haushalt und allem Drum und Dran. Ständig ploppten Sonderaufgaben auf. Die fingen an mit einem: Man müsste mal wieder … Andere fragten: Könntest du zufällig …? Und dann ging zu allem Übel auch noch was kaputt. Und wenn ich nicht schnell Ersatz für die kaputte Spülmaschine herbeischaffte, würde ich wohl auch spülen müssen – obwohl Flipper ein sehr sorgfältiger Vorspüler ist. Meistens verwandelten sich meine freien Tage ruckzuck in Arbeitstage.

Ich war eben kein Hund, ich brauchte Urlaub, ich freute mich riesig darauf und packte als Erstes die Badesachen, als Zweites Bücher ein. Im Urlaub lasse ich die Sau raus und lese querbeet, alles, was ich will.

Äh, sorry Frauchen, das könntest du doch zu Hause auch tun?

»Nein, eben nicht, weil zu Hause ja kein Urlaub ist.«

Aber man kann doch zu Hause lesen. Das mach ich auch. Jeden Tag!

»Das verstehst du nicht. Hunde haben andere Bedürfnisse.«

Zum Glück, will mir scheinen.

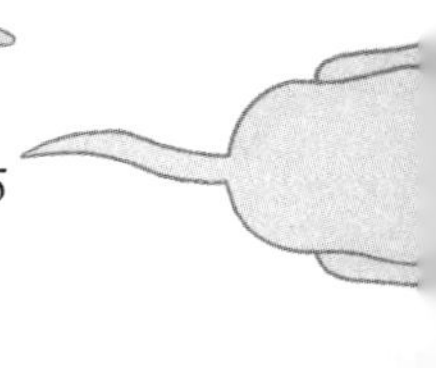

Wie immer packte ich viel zu viele Bücher ein, und auch zu viele Klamotten, die sich vermutlich wie immer als die falsche Wahl herausstellen würden. Der Anblick des Kleiderschrankes stresste mich ohnehin, weil er viel zu voll war und ich dringend aussortieren sollte. Aber wann?! Rasch füllte sich das Auto. Für die Habseligkeiten meines Mannes war nicht mehr viel Platz, er würde aufs Dach ausweichen müssen, wo auch die Surfsachen transportiert wurden. Schließlich sammelte ich Flippers Siebensachen, die den einstelligen Zahlenraum rasch sprengten. Es wurde immer mehr. Futter, Spielsachen, Handtücher, Notapotheke, Pfotenschoner, Zeckenzange, Hundebett … Fassungslos betrachtete ich den Besitz meines Hundes. Nichts davon hatte er selbst angeschafft. Alles meine Ideen – und das war noch wenig im Vergleich zu anderen. Ich kannte Hunde, die hatten fünfzig Stofftiere. So halten wir die Wirtschaft in Schwung, mit Tierliebhaben-Zubehör wird viel Geld verdient.

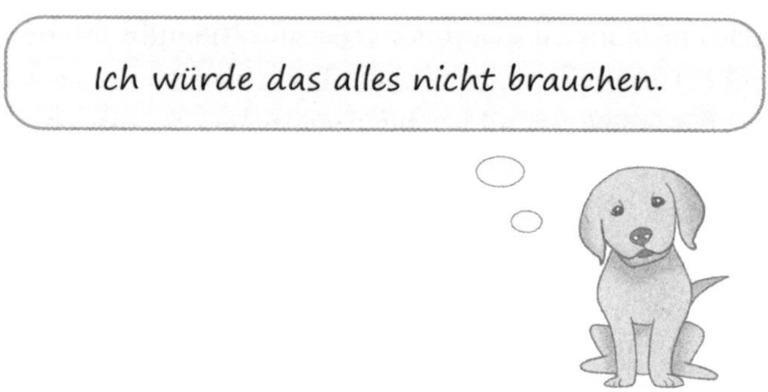

Ja, das war richtig. Ich würde auch nicht so viele Klamotten benötigen, und Flipper brauchte keine Transportbox und keinen Fahrradanhänger. Aber wenn wir längere Touren machten, wollten wir ihn mitnehmen.

Ich wollte, dass er dabei war, weil es schön war, mit Flipper Fahrrad zu fahren. Dafür strampelte ich mich ab. Nicht nur auf dem Fahrrad, rund um die Uhr. Für Flipper, ach was war ich nur für eine liebevolle, fürsorgliche, vorbildliche Hundehalterin.

»Aber das tu ich doch alles für dich!«

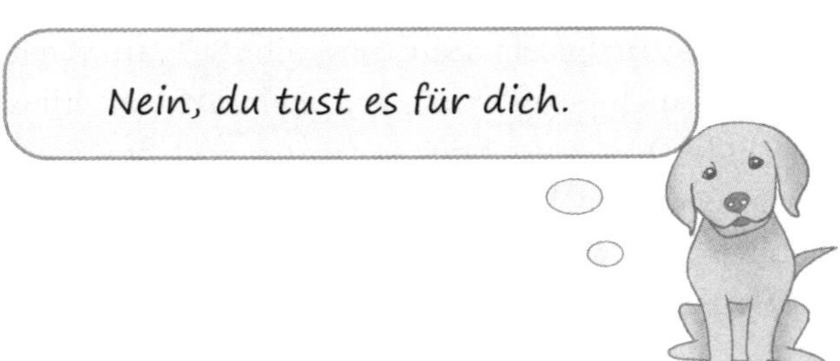

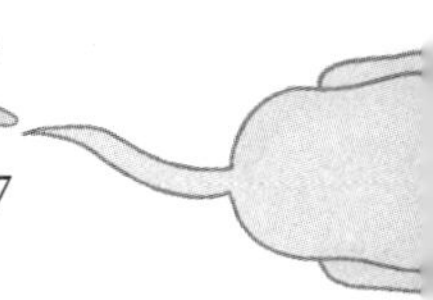

»Aber so ist es doch schön!«

Weil du glaubst, dass es schön ist. Aber ist es wirklich schön? Weil du glaubst, dass ich das brauche. Aber ich brauch das nicht. Okay, okay, wenn es dir wichtig ist, dann beschäftige ich mich eben mit der Quietschente. Habe ich schon erwähnt, dass ich quietschendes Spielzeug nicht ausstehen kann? Ich will, dass du glücklich bist, weil du mein Frauchen bist. Du hast Ja zu mir gesagt, ich habe Ja zu dir gesagt, das gilt. Also hock ich mich in den Fahrradanhänger und lass mich durch die Gegend kutschieren, und du kannst ein gutes Gewissen haben, weil du Sport gemacht hast. Aber ehrlich: Ich brauch das nicht. Ich brauch gar nichts von all dem Zeugs. Und, kleiner Tipp: Du würdest auch nicht so viel brauchen.

Treffer. Oft schon wollte ich mich von Dingen trennen und habe es dann doch nicht geschafft, weil Erinnerungen dranhängen. Oder weil ich ja vielleicht doch noch mal reinpasse. Oder weil sie da in der Ecke nicht im Weg stehen. Oder sind sie mir vielleicht doch ein bisschen im Weg, weil ich mich um all das Zeug kümmern muss?

Flipper besitzt nichts. Außer sich selbst, und deswegen gehört ihm irgendwie die ganze Welt. Ich besitze eine Menge Dinge, die mich davon ablenken, mich selbst zu besitzen und die Welt überhaupt erst mal wahrzunehmen. Wer was hat, schafft sich damit auch Sorgen an, da er es behalten will. Man muss sich darum kümmern, es soll schön bleiben und keinen Kratzer kriegen. Ich bin immer sehr gut gefahren mit meinen gebrauchten Autos. Dann hatte ich ein einziges Mal einen Fastneuwagen. Irgendjemand fuhr mir eine Beule rein. Ich hatte ein ganzes Wochenende schlechte Laune, dabei war ich selbst unversehrt. Oder war ich zwischendurch von der Autorin zum Auto mutiert?

Wer sich viel ums Außen kümmert, hat weniger Zeit, sein Inneres zu erhellen. Aber genau dort entscheidet sich, ob unser Leben im Glück erstrahlt. Und dafür brauchen wir keinen Besitz. Alles, was Flipper trägt, ist ein Halsband, und das weist ihn als Besitz eines Menschen aus. Ich gehöre jemandem. Schöner: Ich gehöre zu jemandem.

Ich hingegen gehöre zum Teil auch den Dingen, um die ich mich kümmern muss. Und sie fressen Zeit. Wer weniger Fenster hat, muss weniger putzen. Mähe ich den Rasen oder gehe ich mit dem Hund? Kümmere ich mich um das Zeug außen oder widme ich mich Flipper? Ein Hund führt mich nur scheinbar nach draußen. In Wirklichkeit lädt er mich ein, in meinem Inneren spazieren zu gehen. Dort, wo die wahre Freiheit wohnt, nicht die Ware Freiheit, die man kaufen kann – mit dem neusten Smartphone oder dem Retroradio.

Könnte es sein, dass uns mit all diesem Zeug, das wir unbedingt haben müssen, Flöhe ins Gehirn springen, die uns Blut, sprich Zeit aussaugen? Die uns zuflüstern: Je mehr du hast, umso mehr bist du? Das stimmt nicht, das wissen wir ... eigentlich ... und handeln doch oft anders. Denn diese Einflüsterer sind mächtig in der Welt der Illusion, in der wir es uns gemütlich eingerichtet haben und deren Schleier Buddha gelüftet hat. Er hat sein Leben der Befreiung vom Leiden gewidmet. Mit nur zwei Gewändern und einer Essenschale zog er umher. Er missionierte nicht, doch wer mochte, durfte sich ihm anschließen, egal ob reich, ob arm.

Flipper ist vermutlich ein reicher Hund mit seinen fünf Halsbändern, eins davon batteriebetrieben leuchtend, fünf Näpfen und mehreren Schlafstätten. Was jedoch keinen Artgenossen beeindrucken würde. Er käme gut ohne klar, wer weiß, vielleicht sogar besser? Oder doch nicht, weil er Sozialpartnerschaft mit einem Menschen im Blut hat? Gewiss aber macht er sich keine Gedanken darum, ob die Näpfe auch immer schön gespült werden. Hauptsache, sie füllen sich, und das tun sie, also wieso sollte man sich deswegen Gedanken machen? Ganz anders ich. Ich beschäftige mich auch damit, ob sie langfristig voll bleiben werden, ohne zu bedenken, dass langfristig kurzfristig enden kann.

Buddha hatte keine eigene Küche und wurde dennoch gespeist. Eigentlich wäre das das Normalste der Welt. Einer hat Hunger, ein anderer ist satt und hat zu essen und gibt dem Hungrigen. Und wenn er selbst einmal hungrig ist, werden ihm andere geben. Dafür brauche ich gar nicht nach Asien, das lernte ich auch im bayerischen Religionsunterricht.

Seelensatt

Der wedelnde Buddha

Mach die Tür auf zu deinem bunten Leben: Fühle!
Denn der Sinn von allem beginnt mit deinen Sinnen.

Gern gehe ich mit Flipper an den Seen in der Region spazieren, wo viele Bänke zum Verweilen einladen, auf denen häufig Brotzeit gemacht wird. Auch wenn sie nur ein Wurstbrot, einen Apfel haben, teilen viele gern mit Flipper. Anfangs habe ich manchmal »Nein« gerufen, denn ich wollte nicht, dass er sich das Betteln angewöhnte. Außerdem wusste ich nicht, was genau die Leute ihm gaben. Doch dann merkte ich, dass nicht Flipper beschenkt wurde, sondern er diesen Menschen ein Geschenk damit machte, etwas von ihnen anzunehmen. Sie teilten ihr Essen, und ihre Seele wurde satt – sacht wedelte der Buddha. Den Gedanken, dass Hunde allein aus diesem Grund betteln, um uns Menschen das schöne Gefühl zu schenken, zum Wohle anderer auf Nahrung verzichtet zu haben, verwerfe ich wieder. Oder?

Wir Zweibeiner wünschen uns, genug zu essen und ein Dach über dem Kopf zu haben und mit anderen, die uns wohlgesinnt sind und die wir mögen, in Sicherheit zu leben. Vierbeiner unterscheiden sich diesbezüglich nicht von uns. Sie wollen auch genug zu essen haben und sich

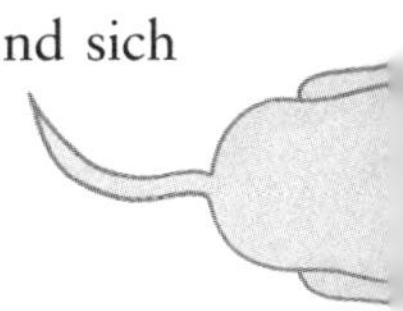

sicher und zu einer Gruppe gehörig fühlen, die aus Artgenossen und/oder Menschen besteht. Darüber hinaus haben Menschen weitere Ansprüche, die oft zu Problemen führen: ein neues Smartphone, Urlaub in der Karibik. Der Mann soll sagen, was er fühlt, die Frau soll fühlen, was sie sagt – es ist kompliziert.

Ich schau mir meinen Hund an, der nichts hat, und doch gehört ihm die Welt. Seine Sinne weit offen für alles, was ist. Er kann entscheiden, einmal eine Weile einen Eichenstock zu tragen, dann nimmt er eine Birke oder freut sich, weil er irgendwo einen Tennisball findet. Wenn er sich an einem Ort niederlegt, muss ihm der nicht gehören. Er ist überall und jederzeit ein Gast. Gewiss markiert er, doch er braucht keinen Notar dazu. Wenn er einen Ort verlässt, kümmert es ihn nicht, ob er ihn aufgeräumt hinterlässt und die Fensterläden schließt, und er verschwendet keinen Gedanken daran, dass ein Einbrecher etwas stehlen könnte. Gewiss würde er seinen Napf gegen einen verteidigen, aber nur, wenn er Hunger hätte. Wenn er keinen Hunger hätte, dann würde er die Reste stehen lassen und weitergehen und ein anderer könnte etwas nehmen, so wie auch er selbst einen Napf von einem anderen leer essen könnte.

Wo ist das Problem, Zweibeiner? Noch dazu hast du bloß zwei Beine, um das alles zu tragen. Also brauchst du ein Auto, damit du noch mehr reinpacken kannst, und einen Anhänger. So fährst du durch dein Leben mit Auto und Anhänger und dann suchst du was, das ist ganz hinten, und die Lebenszeit tickt, und du suchst und suchst und dabei fällt dir auf, dass dein Nachbar einen viel größeren Anhänger hat, sogar mit Fenstern, und jetzt geht's dir richtig schlecht. Während ich ein bisschen strawanze. Mir die Gegend anschaue. Für so was hast du natürlich keine Zeit, das verstehe ich schon. Aber weißt du, was mich wirklich traurig macht? Dass du vergessen hast, wie das ist: Zeit zu haben.

Ich hoffe, dass ich im nächsten Leben nicht als Mensch zur Welt kommen und mich wieder mit all dem Zeugs beschäftigen muss. Diese Zwischenstopps als Hund sind die reinste Erholung, einfach nur: Urlaub.

Zum Glück hat dein hektisches Leben jedoch nicht deine Liebe zu mir und meinesgleichen beeinträchtigt. Ihr Menschen seid ja geradezu verrückt nach uns Hunden. Ohne euch zu fragen, weshalb. Doch zu einem unserer Hauptjobs gehört es, euch an die wesentlichen Dinge im Leben zu erinnern.

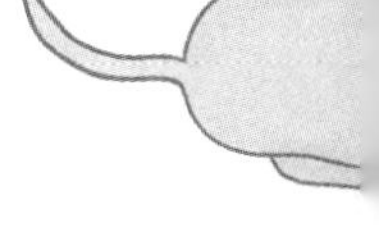

Das Glück liegt in uns, nicht in den Dingen.

Anhaftung

Als Albert Schweitzer mit seiner Frau nach Amerika auswanderte, so habe ich es einmal gelesen, sagte sie zu ihm: »Am schwersten fällt es mir, unsere Möbel hier zu lassen. Ich hänge so an ihnen.«

Albert Schweitzer erwiderte: »Aber sie hängen nicht an dir.«

Anhaftung im buddhistischen Sinne bezieht sich nicht nur auf Materielles. Dahinter steckt Unsicherheit, die wir mit Festhalten von Dingen, Menschen und Gewohnheiten zu kompensieren versuchen, häufig angetrieben von innerer Gier. Die Wirtschaft brummt, wenn viele Menschen hoffen, mit Dingen Sicherheit zu gewinnen. Doch wir haften auch an Vorstellungen und Glaubenssätzen.

»Bei mir klappt nie was.« »Ich bin halt so.« »Keiner liebt mich.« Was hat sich da verselbständigt und läuft wie auf Autopilot? Nun, es ist wie beim Balljunkie. Zuerst ist es ein Spiel, der Hund läuft als selbstbestimmtes Wesen hinter dem Ball her. Da der Ball, dort der Hund. Da die Zigarette, da der Mensch. Dort der Erfolg, hier der Mensch. Bis wir glauben, ohne das Ding, ohne den Erfolg, unser Feierabendbier, unsere körperliche Fitness, unser Make-up oder was auch immer nicht vollständig zu sein. Und dann kleben wir dran, können nicht mehr weg und merken vielleicht gar nicht, dass wir wo drankleben. Weil wir uns daran gewöhnt haben. Und so kleben wir auch

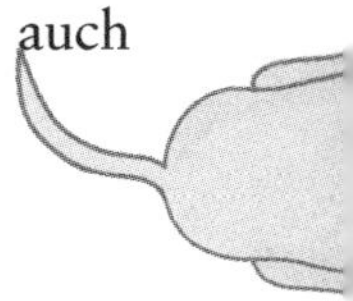

an Menschen, die uns vielleicht nicht guttun, an Vorstellungen über das Leben, an Vorurteilen und Bewertungen. Und das alles schleppen wir durch unser Leben und wundern uns, warum wir uns überlastet fühlen.

Haben ist Haft. Wir verhaften uns selbst, wir verhaften unsere Freiheit, wenn wir an Dingen und Vorstellungen kleben.

Wie alle meine Hunde liebt Flipper es, mir im Winter meine Handschuhe zu klauen. In Wirklichkeit liebe ich das natürlich, und nachdem Luna einst das Spiel initiierte, habe ich es auch mit ihren Nachfolgern genossen. Ich ziehe einen Handschuh ein bisschen aus, wackle damit und von hinten schießt Flipper heran, nimmt ihn mir sanft ab, rast damit davon, ich hinterher, eine Gaudi für uns beide. Wir spielen es ein paarmal, und irgendwann lässt Flipper den Handschuh fallen. Er hat genug. Nie im Leben käme er auf die Idee, diese Last, die ihn am Schnuppern hindert, während des gesamten Spazierganges weiterzuschleppen. Braucht er auch nicht, weil ich das dann für ihn mache. Ja, so ist es. Wenn die Hände voll sind, kann man nichts tragen. Nur wenn wir etwas loslassen, ist Platz für Neues.

So wie Hunde ihre Nasen bei der Sucharbeit einsetzen, schnüffelte auch ich intensiv, um herauszufinden, wo ich mich festgeklebt hatte. Allerdings mit gemischten Gefühlen, denn ich wusste nicht, ob ich das überhaupt wissen wollte. Weil ich dann ja vielleicht etwas ändern müsste. Was würde zum Beispiel passieren, wenn ich feststellte, dass die konstruktive Zeit für meine beste Freundin und mich vorbei wäre. Dass wir uns nicht mehr guttaten wie früher, sondern eher behinderten mit gegenseitigen Vorstellungen, wie wir zu sein hätten. Was würde passieren, wenn ich diese Anhaftung auflöste?

Wenn ich auch manche meiner Gewohnheiten sein ließe, wenn ich mir alles einmal ganz genau anschaute, ob ich es aus freien Stücken machte oder um mir eine Scheinsicherheit zu verschaffen.

Klar, wenn ich mich von etwas losreiße, an dem ich klebe, tut es kurz weh. An der Rissstelle ist die Haut vielleicht rau, doch das wird bald heilen. Mein Mut wird belohnt mit einem neuen Lebensgefühl, mit einer neuen Perspektive auf die Welt. Denn angeklebt sehe ich immer nur eine Richtung. Und die habe ich mir vielleicht nicht mal ausgesucht. Ohne Kleber, ohne Anhaftung erobere ich mir Wahlfreiheit. Ja, vielleicht wächst mir sogar mit der Zeit ein bisschen Fell. Kein Hundepelz, nein, eher eine Art Gefieder, und irgendwann kann ich fliegen. Okay, dazu muss ich deutlich abspecken, zu viel Gepäck klebt noch an mir. Mit all den Klamotten, Büchern und vom Geschirr habe ich noch gar nicht gesprochen, komme ich nie in die Luft. Ich will so viele Dinge wie möglich von der Leine lassen, ohne mich damit zu überfordern. Schritt für Schritt, so wie ich mich auch immer weiterentwickeln möchte, Flügelschlag um Flügelschlag. Und im Vertrauen. Wie ich auch Flipper seinerzeit von der Leine ließ.

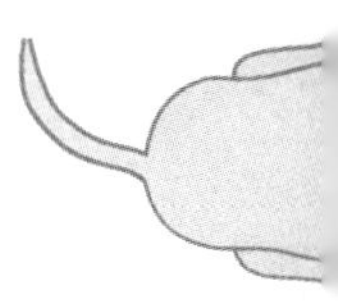

Leine los

Der wedelnde Buddha

Lass los. Und das Gute bleibt bei dir.

Was für eine tiefe Freude, wenn ein Hund aus freien Stücken entscheidet, bei einem Menschen zu bleiben, den er damit zu »seinem« Menschen adelt. Nun gut, das ist klug und komfortabel. Zweibeiner können Dosen öffnen. Ist das also Anhaftung? Wäre mir jetzt auch wurst. Vielleicht ist es auch einfach Liebe. Das ist in Beziehungen gar nicht so klar zu trennen, denn natürlich hat man sich auch aneinander gewöhnt. Bindung braucht kein Festbinden. Und ein Mensch mit Mut zu einem fühlenden Herzen ist beweglich, kann mal so, mal anders reagieren, betrachtet einfühlsam die jeweilige Situation und verhält sich dazu. So ist das Leben immer wieder neu, jeder Tag ist neu und bietet die Chance, ein Augenmerk auf Anhaftungen zu richten.

Als Autorin habe ich es gern schriftlich und so habe ich einmal begonnen, alles aufzuschreiben, was mir zum Thema Kleben einfiel. Das waren nicht nur Klamotten, sondern auch der Morgenkaffee, meine Kreativität, mein Selbstbild, Glaubenssätze, Gedanken über bestimmte Themen, Gefühle, die mich auf die immer gleichen Auslöser fluteten. Da gab es eine Menge loszulassen – aber wie? Meditieren, natürlich. Und sich von Flipper inspirieren lassen: Nase hoch in die Luft und wittern und auch hauchfeine Anhaftungen finden. Und schließlich legte ich, obwohl es Sommer war, den Winterhandschuh auf den Tisch. Dann fiel mir ein, dass es so etwas wie einen Fehdehandschuh gibt, das bedeutet, dass man eine Herausforderung annimmt. Flipper war verblüfft, wenn ich den Handschuh vom Tisch in eine Ecke pfefferte. Sollte er ihn holen? Probeweise brachte er ihn mir. »Aus«, sagte ich, und er ließ ihn fallen. Beim dritten Mal ignorierte er den Handschuh auf dem Boden, als hätte er gespürt, dass ich das Zeug loswerden wollte. Aus ist eine super Sache, dachte ich mir. Aus! Weg damit! Das will ich nicht mehr! Das lasse ich einfach fallen. Aus! Fertig.

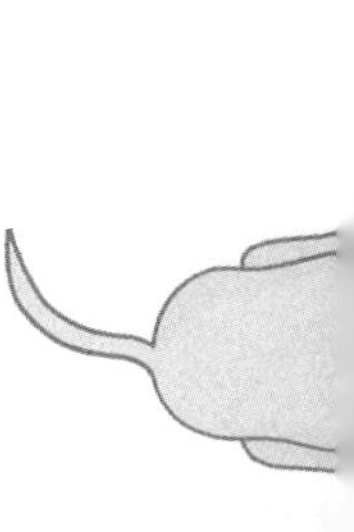

Köder Komfortzone – Wie Hunde uns ins Abenteuer Leben locken

Wer mit Hund lebt, muss seine Komfortzone regelmäßig verlassen. Auch wenn das scheußlichste Wetter herrscht. Ich bin ein pflichtbewusstes Frauchen! Ich gehe bei jedem Wetter, und wozu gibt es winddichte Kleidung! Doch was Flipper betraf, hatte ich die Rechnung ohne den Wirt gemacht. Denn Flipper erwies sich als Schönwettercruiser. Dieser Hund, der gar nicht genug Wasser von unten kriegen konnte, hatte eine nicht zu überwindende Abneigung gegen Wasser von oben. Bei Regen wurde seine Blase zum Luftballon – mit einer schier unendlichen Dehnungsfähigkeit. Auch andere Geschäfte gerieten bei Regen ins Stocken. Irgendwann würde der Hund platzen. Damit das nicht geschah, schleifte ich ihn mehr oder weniger vor die Tür, wo er mit vorwurfsvollem Blick einen Buckel machte und lieferte, was Frauchen verlangte. Unter Protest. Blitzschnell war er wieder im Haus.

Fing es bei einem Spaziergang zu regnen an, blieb er stehen und schaute mich fassungslos an:

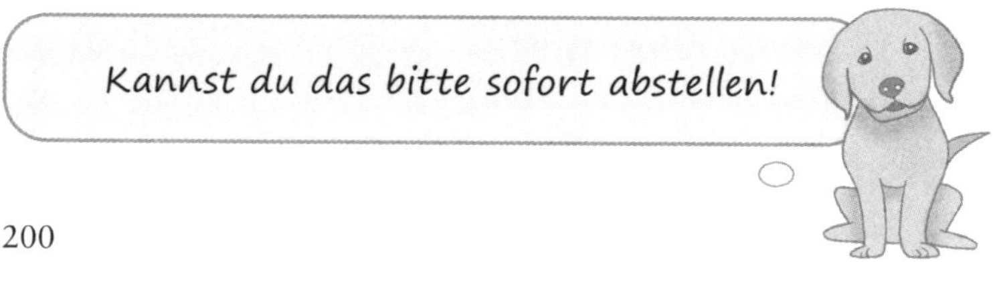

Waren wir in der Nähe seiner Hundehütte, kehrte er um. In fremdem Terrain stellte er sich bei der erstbesten Gelegenheit unter, egal ob Baum, Haus oder Bushaltestelle.

»Nein danke, wir fahren nicht mit!«, sagte ich mehrfach zu freundlichen Busfahrern. Nur einmal hatte ich versucht, Flipper an der Leine weiterzuziehen. Er stemmte sich mit allen Vieren dagegen, und ich wurde von Passanten als Tierquälerin beschimpft. Da merkte ich, dass doch ganz schön viel Harmoniebedürftigkeit an mir klebte, denn der Vorwurf traf mich schwer. Ich doch nicht!

Meine nächste Prüfung stand schon bevor: Auf einem Feldweg näherte sich ein Auto, und in der Staubwolke dahinter rannte ein Hund. Laut Tierschutzgesetz ist das verboten. Aus der Hundeperspektive betrachtet ist das extrem stressig: Auto mit Dosenöffner drin lässt mich im Stich. Überflüssig zu erwähnen, dass das Gefährt ein gefährlich aussehender hochgebockter Modewagen war, der nun langsamer fuhr, der Hund überholte ihn und rannte vorneweg. In dieser Situation klebte überhaupt kein Harmoniewunsch an mir. Empört spielte ich mit dem Gedanken, mich vor das Auto zu stellen wie Bruce Willis in »Stirb langsam«. Wenn ein Mann ein Flugzeug auf der Startbahn stoppen kann, sollte es für eine Frau ein Leichtes sein, auf einem Feldweg ein Sport Utility Vehicle aufzuhalten. Tatsächlich hielt der Wagen, der Hund, ein dreifarbiger Mischling, kläffte, die Fahrertür wurde aufgerissen und eine schwarzhaarige Frau in meinem Alter rief: »Ich hasse Leute, die ihre Hunde am Auto laufen lassen.«

Das war mein Text! Ich kapierte überhaupt nichts mehr.

»Das ist eine Ausnahme«, fuhr die Frau fort und schwang ein Bein ins Freie. Es war geschient. »Kuppeln könnte ich gar nicht. Zum Glück fährt er mit Automatik.«

Ja, mit Automatik beziehungsweise Autopilot war auch ich wieder mal unterwegs gewesen. Ich hatte geglaubt, genau zu wissen, was läuft, aber es war anders gewesen. Auch ich hätte als pflichtbewusstes Frauchen Flipper am Auto laufen lassen, wenn es keine andere Möglichkeit gegeben hätte, ihm Bewegung zu verschaffen.

Und es gab eine dritte Begebenheit in Sachen Tierwohl und Harmonie: Flipper schwimmt genauso gern wie ich, und im Sommer sind wir jeden Tag am See. Leider herrscht zwischen 15. Mai und 15. September Liegewiesenverbot für Hunde. An manchen Seen dürfen sie nicht mal ins Wasser, was auch als Tierquälerei ausgelegt werden kann. In meiner Gemeinde gibt es zum Glück eine Stelle ohne Liegewiese, die als Hundeplatz geduldet wird, ein ungeschriebenes Gesetz.

Es war sehr heiß, ich freute mich auf eine Abkühlung, war gerade dabei, mich zu entkleiden, mein Rock hing schon über dem Schild »Hunde verboten«. Flipper stand bis zum Bauch im Wasser und wedelte vorfreudig, dieses Nass kam von unten, war also höchst willkommen. Da erklang ein Dialekt, der nicht am See beheimatet war, und warf Flipper alle Schimpfwörter ans Fell, die man sich im Umfeld Hund vorstellen kann. Obwohl Flipper im Wasser keinen Weg versperrte, ich als Aufsichtsperson, wenn auch halbnackt, in der Nähe war, spuckte der Mann um die Sechzig in kurzen Hosen im Geschirrtuch-Look Gift und Galle. Drecksköter war noch die harmloseste Variante, dabei stand Flipper blitzsauber im Wasser.

Pego hätte den Mann vermutlich niedergebrüllt, mindestens. Bei mir rutschte das Herz in den Hals. Ich war empört und wütend, aber ich brachte keinen Ton raus, schockiert von dieser aggressiven Attacke. So hatte mich noch nie jemand angeschrien beziehungsweise Flipper. Normalerweise wünsche ich bei unguten Begegnungen, die es leider gelegentlich gibt, freundlich: »Einen schönen Tag noch«. Manchmal, wenn ich merke, dass jemand Angst vor Hunden hat, versuche ich auch, ins Gespräch zu kommen, etwas zu erklären. Hin und wieder traut sich dann jemand, Flipper zu streicheln, das sind Sternstunden für mich. Doch jetzt stand ich nackt unter meinem Handtuch vor dem Angreifer, dem die Munition nicht ausging. In mir brodelte es. Doch ich wollte nicht zurückschreien. Ich wollte auch nichts erklären, besänftigen. Ich wollte jeden Kontakt mit diesem unangenehmen Menschen vermeiden. Doch er hatte schon so viel Dreck auf uns geschmissen, dass ich vermutlich gar nicht mehr fröhlich mit Flipper schwimmen konnte.

Ohne dass ich darüber nachgedacht hätte, begann ich zu rezitieren:

»Namotassa bhagavato arahato sammasambuddhassa.«

Dieses Mantra hatte ich mir morgens auf YouTube angehört. Es bedeutete, so viel ich mich erinnerte, etwas wie: Mögen die Lehren der Buddhas allzeit mein Herz berühren und mein Vertrauen und meine Hingabe in den Pfad zur Reinheit erwachten Seins erwecken.

Zu meiner Überraschung beruhigten mich die Wörter, die ich zweimal hintereinander aussprach. Mehr noch: Ich fühlte mich leicht und frei. Ganz anders der Mann, den diese Fremdsprache provozierte. Er erweiterte seine Beschimpfung auf mich, den Ausländer.

»Ausländerin«, korrigierte ich den Ausländer, dem Dialekt nach war er ein Tourist, dem Verhalten nach ein Verbalterrorist.

Damit brachte ich ihn aus dem Konzept. »Hä?«

Mich brachte diese sprachliche Reinigung zurück in meine Kraft.

Flipper hatte die Situation vom Ufer aus sehr genau beobachtet. Immer wieder hatte er Augenkontakt mit mir gesucht, um eine Handlungsanweisung zu empfangen. Doch ich war zu sehr mit meinen eigenen Emotionen, mit der Kontrolle meiner Reaktionen beschäftigt. Dann geschah etwas, womit ich niemals gerechnet hätte. Flipper kam aus dem Wasser. Langsam mit hoch aufgerichteter Rute. Da wedelte nichts. Er zog seine Lefzen zurück und knurrte den Mann an:

So ein Verhalten hatte ich noch nie an ihm gesehen. Es war, als wäre er aus einem meiner Hundekrimis gesprungen. Der Flipper in den Büchern war zwar auch sanftmütig, doch nicht nur, der griff auch einmal ein, wenn sein Frauchen Franza in Gefahr war. Ein bisschen Lassie muss schon sein. Mit einem letzten wüsten Fluch ergriff der Mann die Flucht, rannte fast, bemühte sich aber, noch ein paar Beleidigungen herauszuzischen, um als Sieger vom Feld zu ziehen. Flipper schüttelte sich, kam zu mir, rieb seinen Kopf an meinem Bein.

schien er zu fragen. Ich ging in die Hocke und umarmte ihn, das Handtuch fiel zu Boden.

»Was war denn das?«, fragte ich ihn und bekam, wenig überraschend, keine Antwort. Es war einfach so, dass Flipper die Drecksarbeit für mich erledigt hatte. Ich hatte kein einziges scheußliches Wort gesagt, lediglich eine grammatische Korrektur vorgenommen, und war trotzdem wehrhaft geblieben in der Verteidigung von Flipper, der dann aber mich beschützt hatte. Und ich hatte einen buddhistischen Zaubertrick entdeckt!

Der wahre Buddha

In der Wut verliert der Mensch seine Intelligenz.

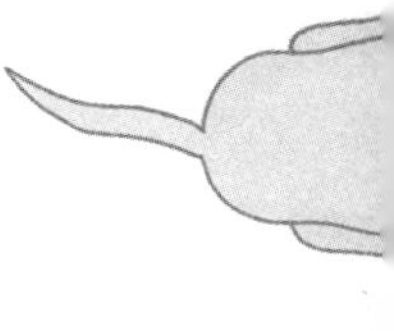

Mögen wir in unserem Herzen wohnen

Eine Rezitation ist eine stets gleiche Abfolge von Worten, wie ein PIN, mit dem wir uns sozusagen auf Buddhas Webseite einloggen können. Millionen von Menschen rezitieren seit Jahrtausenden. Es heißt, dass dadurch ein starkes Kraftfeld entstanden ist, mit dem wir uns verbinden können. Das klärt den Geist, Gedanken sortieren sich und wir finden gute Lösungen für unsere täglichen Herausforderungen. Und überraschende! Ich hätte auch ein anderes Mantra rezitieren oder vermutlich einen Rosenkranz beten können, wenn ich einen zur Hand gehabt hätte. Wichtig ist die Konzentration nach innen, die Verbindung mit der Quelle.

In der spirituellen Autobiografie von Tina Turner habe ich gelesen, dass sie oft stundenlang rezitierte. Das Singen der heiligen Silben habe ihr Leben verändert. Später ging sie für eine Mantra-CD auch ins Studio. Meine Oma ging zum Rosenkranzbeten in die Kirche und manchmal, wenn ich nicht einschlafen konnte, setzte sie sich an mein Bett und begann ein »Gekrüßetzeihstdu Maria«. Magische Worte, deren Bedeutung ich nicht verstand, doch sie beruhigten mich. Vielleicht so wie Flipper, wenn ich in meinem Singsang mit ihm spreche und er dabei einschläft.

Beim Rezitieren werden die inneren Dialoge leiser. Es wird stiller in uns – also genau das, was ich mir eigentlich wünsche. Durch die Wiederholung dieser aufgeladenen Worte verändert sich das Gefühl im Körper, das Bewusstsein richtet sich an unserer Seele oder Gott oder Buddha oder einer allwissenden Weisheit oder dem Universum oder wie wir es nennen möchten aus. Der innere Kompass wird genordet. Und es klappt auch auf Deutsch, zum Beispiel wie die Gute-Wünsche-Rezitation, auch Liebende-Güte-Metta-Meditation genannt.

»Möge ich in meinem Herzen wohnen,
möge ich sicher und geborgen sein,
möge ich Heilung und Frieden finden.
Möge ich glücklich sein.«

Möge ich in meinem Herzen wohnen heißt, möge ich in der Wärme meiner Seele verweilen. Möge ich durch milde Augen blicken. Möge ich sicher und geborgen in mir sein und nicht in Angst erstarren, die mich hart- und kaltherzig macht. Möge ich also nicht bedürftig sein, sondern im Fluss. Möge ich lernen, liebevoll Frieden zu schließen mit allen meinen Schattenseiten und sie, indem ich sie liebevoll annehme, zu heilen. Und dann auch liebevoll und friedvoll auf alle anderen Geschöpfe zu blicken. So kann ich diese wunderschöne Rezitation auf andere Menschen erweitern, vielleicht erst auf jemanden, der mir nahesteht:

»Mögest du in deinem Herzen wohnen,
mögest du sicher und geborgen sein,
mögest du Heilung und Frieden finden.
Mögest du glücklich sein.«

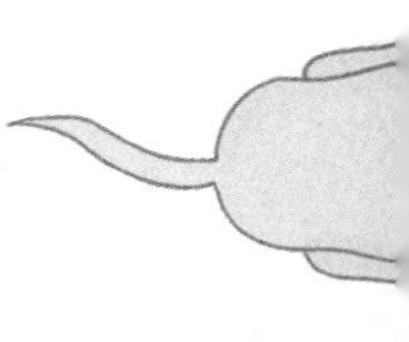

Und schließlich kann ich an jene Menschen denken, die mir nicht so nahestehen, ja an Menschen, mit denen ich vielleicht gerade im Clinch liege. Und wenn ich es schaffe, irgendwann an solche wie den Herrn vom See.

»Mögen wir in unserem Herzen wohnen.
Mögen wir sicher und geborgen sein.
Mögen wir Heilung und Frieden finden.
Mögen wir glücklich sein.«

Und auch du, mein lieber Hund, der du mich auf diesem Herzensweg führst: Mögest du glücklich sein, lieber Flipper. Möget ihr glücklich sein, alle ihr lieben Hunde und alle Geschöpfe dieser Erde.

Ablehnung

Der wedelnde Buddha

Trau dich und schenk dem Leben ein wedelndes Ja.

Ein Ja tut mir viel wohler als ein Nein. Allgemeine Ablehnung hat sich in den letzten Jahren inflationär verbreitet. Anstatt miteinander ins Gespräch zu kommen, verschränkt man die Arme voreinander. Buddhistisch betrachtet ist die Ablehnung das dritte Geistesgift nach Unwissenheit und Anhaftung. Wut, Zorn, Ärger und Hass gehören in diese Abteilung, die wir anderen widmen und die doch am Ende uns selbst treffen. Das Leben ist wie ein Bumerang: Man bekommt zurück, was man losschickt.

... Und das schubst einen dann ziemlich aus der Mitte. Wenn man alles ablehnt, zu allem Nein sagt, nichts mehr an sich heranlässt, glaubt, alles zu wissen, dann bröckelt die Lebensfreude. Das Schlimme ist, dass man sich daran gewöhnen kann, zu allem erst einmal Nein zu sagen. Alles soll so bleiben, wie es ist, auch wenn es unangenehm ist.

Aber Ärgern tut nicht gut, und Falten macht es auch. Wenn wir uns über jemanden ärgern, haben wir drei Möglichkeiten. Wir könnten den Jemand um die Ecke bringen, uns selbst ... oder den Ärger. In letztem Fall wird immer alles leichter. Diese Variante bedeutet, eine Tür in einer Mauer zu finden, und ich bin überzeugt davon, dass

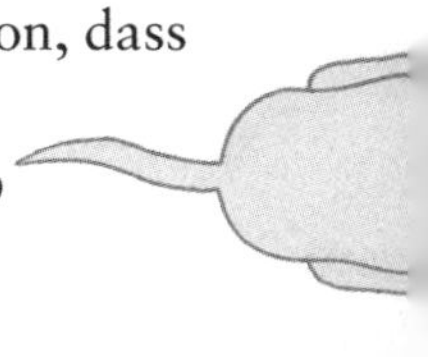

ein wedelnder Buddha so manchen Staub von der Wand wischen kann, damit wir die Tür entdecken. Sie öffnet sich mit einem Zauberwort: Verzeihung. Gerade auch uns selbst gütig und mild zu begegnen, wandelt das Nein in ein Ja. Zuerst bei uns, dann in unserer Begegnung mit anderen. Wir sind nicht perfekt. Wir sind Menschen. Und wir sind auf dem Weg.

Nicht selten lehnen wir sogar eigene Persönlichkeitsanteile ab. Man erkennt sie oft an dem Wörtchen »zu«. Ich bin zu dick, zu träge, zu alt, zu dumm. Auf so eine Idee würde Flipper niemals im Leben kommen!!! Und selbst wenn, dann hätte er den Mut, dazu zu stehen, und würde es nicht anderen aufbürden. Wir projizieren unsere Themen auf andere und lehnen sie bei den anderen ab, um uns zu schützen. Aber wenn wir eine ablehnende Haltung einnehmen, brauchen wir uns nicht zu wundern, falls schöne Einladungen des Lebens auf sich warten lassen. Auch Hunde reagieren übrigens auf Ablehnung – und wie sollte es anders sein: mit Ablehnung. Wie man in den Wald hineinruft, so schallt es heraus.

Der wahre Buddha

Was wir mit einem Lächeln beginnen, wird uns zumeist gelingen.

Nimm ein Sackerl für dein Gackerl

Im Wald schallt es nicht nur, da liegen auch manchmal Haufen. Und am Seeufer und überhaupt überall kann man sie sehen. Es gibt sie in vielerlei Farben, nach denen Fachleute auf ihre Herkunft schließen: Dose, Fleisch oder Trockenfutter. Und manche sind formschöne Kunstwerke. Aber wer würdigt die Vielfalt der Würmchen und Würste schon? Als Tretminen werden sie verunglimpft und dienen gleich als Test: Bist du ein guter Mensch? Dann entschärfst du die Stinkbomben in sogenannten Kotbeuteln. Unriechbar geht meistens nicht, da dünstelt es schon heraus. Und warm ist es auch in der Hand, im Winter zuweilen eine Wohltat.

In einigen Ländern bringt es Glück, in eine Hundehinterlassenschaft zu treten, aber bis zur Landesgrenze zu fahren für die Geschäftsabschlüsse? Ich glaube, es reicht, wenn ein Hund in ein Leben »tritt«, um das Glück einzuladen. Mancherorts wird dem Fehltritt jedoch nur Glück nachgesagt, wenn er mit dem richtigen Fuß getan wird. Dass der richtige Fuß wichtig ist, braucht auch bei uns nicht erklärt zu werden, denn wer schon mal mit dem falschen aufgestanden ist, vielleicht noch dazu an einem Freitag, dem Dreizehnten, hätte gleich im Bett liegen bleiben können.

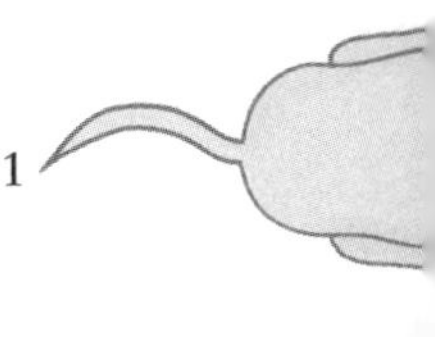

In fast allen meinen Jackentaschen befinden sich Kotbeutel. Sie haben mir oft schon gute Dienste geleistet, wenn beispielsweise ein Armbandgummi gerissen ist, da konnte ich die Perlen verwahren. Oder wenn ich beim Adventsgassi ein paar Plätzchen geschenkt bekam. Und sie erweisen sich immer wieder als hilfreich beim Frühstücksbuffet im Hotel, denn morgens habe ich keinen Appetit. Bloß auf Kaffee.

Seit einiger Zeit hebe ich auch fremde Haufen auf, besonders am See, wo viele Touristen ihre Hunde Gassi führen. Wenig buddhistisch werden Tretminen oft nur im eigenen Umfeld eingesackt. Daheim will man es schön haben, da nimmt man seinen Müll mit. In der Fremde will man nichts damit zu tun haben. So wird Fremdes nie zum Freund und eine buddhistische Erfahrung liegengelassen.

Scheiße wegzuräumen, tut gut, ist wie aufräumen. Und ein Dienst an meinen Mitmenschen und Mithunden. Denn die Hinterlassenschaften sind ein stetes Ärgernis und werden oft in Schimpfwörtern gegen Hunde verdaut. Südtirol hat nun ein Anti-Hundehaufen-Gesetz verabschiedet, um mittels DNA-Probe herauszufinden, welcher der Haufen von welchem der dort registrierten 40 000 Hunde stammt.

»Sehr geehrter Herr Flipper, hiermit bitten wir Sie höflich, sich zur Erfassung Ihrer DNA für unsere Hundedatenbank an einer Teststation einzufinden. Terminvereinbarung bitte nach Absprache mit Ihrem Erziehungsberechtigten.«

Vierbeiner untereinander würden das allein mittels ihrer Nasen herausfinden. Aber Menschen sind nun mal ein bisschen umständlich und denken nur kurze Fährten. Denn wenn in Bozen ein Haufen liegenbliebt, könnte der auch von einem nicht registrierten Touristenhund stammen. Als Krimiautorin fällt mir dazu außerdem Hundehaufenschmuggel zur Vertuschung von Verbrechen beziehungsweise Falschbezichtigung ein. Denn wenn mein Hund am Mittwoch zwischen sechzehn und siebzehn Uhr in Bozen geschissen hat, kann ich um diese Zeit am Mittwoch in Hamburg nicht geschossen haben. Außer eine Komplizin hätte den Haufen mit oder ohne Flippers Mitwisserschaft in Bozen platziert.

Bei uns heißen die Tütenspender Kotbeutelstation. Begeistert haben mich die kreativen Hundefreunde in Wien. Hier wird man eingeladen: Nimm ein Sackerl für dein Gackerl. Da griff ich gern zu, fragte mich dann allerdings: Wieso *dein* Gackerl? Mit dem *Nimm* wurde ich als Mensch angesprochen, während sich das *Dein* auf den Hund bezog.

Oder steckte dahinter vielleicht eine tiefere Bedeutung? Wie wäre es, wenn ich als Mensch all meine negativen Gedanken, Bewertungen, Glaubenssätze, Anhaftung und Ablehnung und alles, was mir eben sonst noch stinkt, als Gackerl in ein Sackerl packen würde? Und es dann, gern mit einem Servus von Flipper, entsorge?

Ent-Sorgen.

Ich öffne die Tüte, platziere mein Gackerl und sammle dann das von Flipper ein – als Siegel obendrauf. Von außen sichtbar: ein guter Mensch. Und innen drin wird sie immer besser.

Spazieren leben

Flipper beschloss eine Luftveränderung. Er erhob sich von seinem Schaffell in der Küche, streckte und schüttelte sich und lief gemächlich zur Tür, die ich ihm, beflissene Dienstbotin, öffnete. Vom Fenster aus schaute ich ihm zu, wie er gemächlich zum Zwetschgenbaum spazierte und sich dort ablegte. Einfach so. Nach einer Weile lief er durch den Garten, schnupperte mal hier, mal dort. Einfach so. Um dann irgendwann wieder ins Haus zu wollen und sich unter den Schreibtisch zu legen und lange dort zu verweilen. Einfach so.

Und ich? Ich hatte in der Zwischenzeit die Waschmaschine befüllt, damit die Wäsche sauber wurde, mehrere Telefonate geführt, um Fragen zu klären, an einem Exposé gearbeitet, um Geld zu verdienen. Und jetzt würde ich mit dem Rad, um mich sportlich zu betätigen, zum Einkaufen fahren, um etwas zu essen zu besorgen, und danach würde ich viele andere Dinge tun, die alle keinem »Einfach« entsprängen, sondern einem »Um-Zu«. Und darauf war ich auch noch stolz. Ich fuhr nicht nur zum Tanken, sondern brachte unterwegs auch noch gleich das Altglas weg und hielt beim Schuster. In höchster Effizienz surfte ich effektiv durch mein Leben und, weil ich so viel apportierte, so viele Häkchen auf meinen To-do-Listen platzierte, schüttete ich Balljunkie viel Dopamin aus. Könnte ich mich auch gut fühlen, wenn ich es gemütlicher angehen ließe? Wenn ich morgens nicht wüsste, was dieser Tag »bringen« sollte? Wenn ich mich überraschen ließe, so wie Flipper? … Spazieren leben …

Manchmal kommt es mir vor, als lebten wir alle vor allem, um zu … Überall Zweck und Ziel und Sachzwänge. Bereits beim Aufwachen weiß ich, was ich tagsüber tun werde. Jeder Tag ist in ein Um-Zu gepackt. Oder in ein Damit. Auch in meiner Freizeit. Wir fuhren zum Beispiel an den See, damit der Hund schwimmt. Schwimmen ist gesund, für uns beide. Aber morgens sollte nur Flipper rein, mir war es zu kalt, er trägt schließlich einen Pelzmantel. Ich warf das Dummy ins Wasser und Flipper, der sich nie wundert, warum ich dauernd so weit weg Sachen verliere, holte es mir. Sechsmal. Dann hatte er genug und ich eigentlich auch, doch um uns hatte sich eine Traube Schaulustiger gebildet, die fasziniert davon waren, wie Flipper mit großen Sätzen über den Steg sprang und – hohe B-Note – ins Wasser hechtete.

Ich warf ein siebtes Mal.

Flipper schaute weg.

»Flipper hol's!«, schickte ich ihn.

Er reagierte nicht.

Natürlich hätten mir die Leute egal sein müssen. Doch es war mir peinlich, dass Flipper das Dummy nicht brachte, ja vielleicht auch, dass mein Hund mir nicht folgte, und das war noch viel schlimmer. Flipper war doch nicht dazu da, mir Anerkennung zu verschaffen, damit mein Ego gestreichelt wurde. Wenn er nicht tat, was ich wünschte, war ich dann ein weniger geschätzter Mensch, ein schlechter Mensch, eine Versagerin, verlor ich Status, schrumpfte ich?

Die Schaulustigen zerstreuten sich. Einer musste unbedingt noch einen witzigen Spruch loswerden, der mich ärgerte. Und dann ärgerte es mich, dass mich so was ärgerte.

Wir waren allein.

»Bitte Flipper, hol mir das Dummy«, bat ich noch einmal und hörte schon an meiner Stimme, dass er es nicht tun würde. Viel zu wenig motivierend, eher flehentlich. Offensichtlich hatte er den Vorgang Dummy abgeschlossen. Oder seine Arbeitszeit war beendet, keine Ahnung, was in ihm ablief. Ja, vielleicht hätte ich ihn irgendwie doch noch überreden können. Aber er hatte mir nach dem sechsten Mal deutlich gezeigt, dass er genug hatte. Also musste ich diese Suppe auslöffeln. Ich zog meine Schuhe aus, streckte zögerlich den großen Zeh ins Wasser. Meine Güte war das kalt, und ein Handtuch hatte ich auch nicht dabei. Aber ich würde es tun, ich würde meine Komfortzone verlassen. Ich öffnete Hosenknopf und Reißverschluss, da sprang Flipper mit einem Riesensatz ins Wasser und holte das Dummy.

Er holte es nicht, um mir das kalte Wasser zu ersparen. Er holte es nicht, um Kalorien zu verbrennen. Er holte es nicht, um meine Ehre wiederherzustellen. Er holte es nicht, weil er lieber ohne Zeugen arbeitete. Er holte es ohne Um-Zu und Damit. Er holte es ... einfach so.

»Danke«, sagte ich, einfach so.

Und dann gingen wir weiter, und ich merkte, dass ich langsamer ging und noch langsamer. Wollte ich durch mein Leben rasen und nur mitkriegen, was um zu und damit passierte? Oder wollte ich es genießen? Was ich ohne Coach nie schaffen würde. Aber da gab es ja diesen wundervollen wedelnden Buddha an meiner Seite, der mir unermüdlich zeigte, dass ich diejenige bin, die den Fuß auf dem Gaspedal hat, und dass man den auch runternehmen kann und dass sich die Erde dann noch immer dreht. Dass Achtsamkeit nicht langweilig ist, sondern ein Lebenselixier. Und weil ich das für mich allein nicht so gut beherzigen konnte, stellten Flipper und seine Artgenossen sich zur Verfügung, damit wir es mit ihnen lernten. Noch mal: Danke!

Der wahre Buddha

Öffne deine Arme für die Veränderung, doch verliere deine Werte nicht aus den Augen.

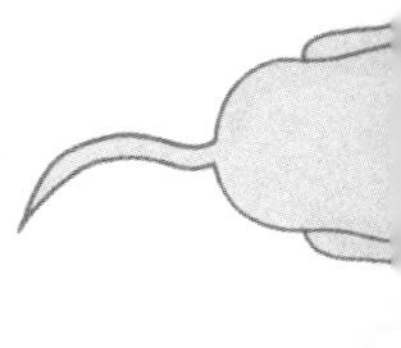

Sie Hund Sie – Wie Hunde uns Achtsamkeit lehren

So wie meine Buchheldin Franza bin auch ich mit Flipper an meiner Seite mutiger geworden. Es war mir egal, wenn andere mitbekamen, dass ich ihn siezte. Ich weiß nicht mehr, wann es begann, doch irgendwann sagte ich beim Aussteigen aus dem Auto: »Hätten Sie die Güte, sich ins Freie zu bequemen?« Vermutlich las ich damals gerade einen Klassiker. Ich fand das lustig und freute mich an Formulierungen wie: »Es wäre jetzt angerichtet, wenn Sie sich bereit fühlten, könnten Sie Ihre Mahlzeit einnehmen.«

»Was hielten Sie davon, mich zu begleiten, wenn ich meinen Eltern eine Aufwartung mache?«

»Wollen Sie die Freundlichkeit haben, meinem mit allem Respekt vorgetragenen Ruf zu folgen?«

»Wenn es Ihnen Ihrerseits nichts ausmacht, würde ich es meinerseits begrüßen, wenn Sie nun wieder ins Haus kämen.«

Flipper seinerseits ließ diese vielen zum Teil angestaubten Wörter über sich ergehen, ohne mit den Ohren zu zucken. Insgeheim bin ich ohnehin davon überzeugt, dass er nur mir zuliebe so tut, als würde er auf mein Alphabet reagieren. Ich glaube, dass er kein einziges Wort braucht, um zu wissen, was ich vorhabe, möchte, worum ich ihn gleich bitten werde. Ich habe das ausprobiert: Ob ich etwas sage oder in Gesten kommuniziere oder gar nicht. Flipper liest mich wie ich ein aufgeschlagenes Buch.

Irgendwann endete meine Klassikerphase, das Siezen behielt ich jedoch bei und fügte häufig ein *Bitte* hinzu. »Bitte aussteigen.« »Bitte warten Sie.« »Bitte bleiben Sie.« Und dann ging mir das so in Fleisch und Blut über, dass ich es auch sagte, wenn es fremde Ohren hören konnten. Doch niemand sprach mich darauf an. Vermutlich wurde ich jenseits von Gut und Böse abgeheftet, was mir schnurzegal war. Ich hatte Freude in meiner neuen Komfortzone im Herzen anstatt in Konventionen. Und ganz nebenbei verhalf mir diese Kommunikation zu mehr Achtsamkeit im Umgang mit Flipper – und bei ihm beginnend auch in meinem Alltag. Achtsamkeit ist seit einiger Zeit sehr in Mode. Das Bedürfnis danach ist groß – was nicht verwunderlich ist in einer Welt, in der sogar Gesetze verabschiedet werden, die das Wachstum beschleunigen sollen. Was mich betrifft, möchte ich das Verlangsamen beschleunigen. Dann hat man einfach mehr vom Leben. Sonst mache ich dauernd Sachen, die ich gar nicht mitkriege. Früher war ich stolz auf meine ausgeprägten Multitasking-Fähigkeiten. Heute denke ich, dass ich dabei eine Menge versäumt habe, und gesund ist das auch nicht, wie man mittlerweile weiß.

Achtsamkeit bedeutete für mich auch, dass ich Flipper in seinem Sosein respektierte. Es war gar nicht so einfach, diesen weisen Lehrer, der mir so viele Impulse schenkte, »nur« als Hund zu sehen. Dennoch war er ein Hund und lebte in seiner Hundewelt, und da sollte er drinbleiben dürfen, auch wenn ich mich von ihm zu Büchern in-

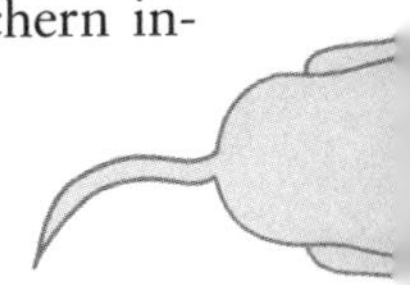

spirieren ließ. Die kluge Vogelrita hatte dem Welpen den Namen Flipper gegeben, ein erster Schlüssel zu meinem Herzen, denn Flipper heißt der Hund in den vier Hundekrimis, die ich geschrieben habe. Die Versuchung war groß, Flipper zu vermenschlichen. So wie wir Hundeleute es eben gern tun, wenn wir sagen: Er ist traurig, er ist beleidigt, er ist eifersüchtig, er ist was auch immer. Aber ist er das wirklich? Manchmal bin ich sicher, dass ich weiß, wie Flipper sich fühlt. Doch stimmt das? Im Gespräch mit anderen würde ich behaupten: Flipper ist heute ein bisschen traurig. Doch schriftlich würde ich mich nicht auf solch ein Glatteis begeben, sondern schreiben: Flipper schaut, als wäre er traurig. Ich möchte ihm keine Gefühle unterschieben, die er vielleicht nicht hat. Ich würde auch nicht schreiben: Traurig hingen die Blätter an den Bäumen. Denn woher will ich das wissen?

Neulich sagte ich zu meinem Freund: »Die Decke ist dem Flipper zu verkrumpelt.« Ich benutzte Flippers Wohlbefinden als Tarnung für mein eigenes Missempfinden. In Wirklichkeit war es mir zu unordentlich auf dem Sofa. Mein Freund hat gelacht und dann in einem kleinen Sketch Flipper bequemer gebettet, der »genervt« schaute. Ob Flipper mich duzen oder siezen würde? Vielleicht gibt es auch noch ganz andere Arten der Ansprache, von denen ich keinen blassen Schimmer habe. Eine Kommunikation, für die Zweibeinern die Sinne fehlen – wenngleich die Voraussetzungen dafür vorhanden sind: in unseren Herzen.

Liebesaugenblicke

»Du bist ja ein schöner Kerl. Wie heißt du denn?« Das wird Flipper öfter gefragt. Und dann werde ich angeschaut.

»Und wie alt bist du?«, wird weitergefragt und ganz automatisch davon ausgegangen, dass ich das ebenfalls beantworte. Manchmal wendet sich jemand auch direkt an mich: »Wie heißt er oder sie denn?« Und: »Wie alt ist er oder sie?« Und natürlich: »Ist des a Manderl oder a Weiberl?« Eine Hundedame oder ein Herr?

Und dann gibt es da noch Begegnungen, in denen all das nicht gefragt, aber herzerweichend geschaut wird. Besonders ältere Menschen blicken Hunde oft so liebevoll-sehnsüchtig an, dass mir ganz schummrig wird. Sie reden nicht, wollen nichts wissen, streicheln den Hund mit ihren Blicken, lächeln mir dann vielleicht einmal kurz zu, gehen weiter. Kein Wort ist gefallen, und dennoch glaube ich, die Geschichte zu kennen: Ich habe auch mal einen Hund gehabt. Oder ich hatte immer Hunde. Aber jetzt ist mein Hund gestorben. Oder ich bin zu alt für einen Hund. Es ist mir zu viel Verantwortung. Was wäre denn mit dem Hund, wenn ich einmal nicht mehr bin?

Aus Vernunftgründen, aus altersbedingten Einschränkungen wird verzichtet. Und aus Liebe. Vor allem Liebe lese ich in diesen Blicken. Da ist das Herz nicht hart geworden im Schmerz und daraus folgenden Wunsch, nie wieder etwas so Schreckliches zu erleben wie den Ver-

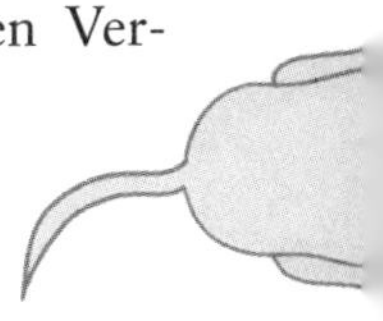

lust eines Hundes. Nein, es ist durch die erfahrene Liebe weich und weit und freut sich über jeden wedelnden Stups eines Artgenossen des einstigen Gefährten.

Ich lebe seit Jahrzehnten mit Hunden. Ein anderes Leben kann ich mir nicht mehr vorstellen, und deshalb gehe ich davon aus, dass immer ein vierbeiniger Gefährte zu meinem Haushalt gehören wird. Doch ich habe schon viel behauptet, was ich tun und lassen würde, wenn ich mal älter wäre. Das fing als Kind an: Wenn ich einmal groß bin, werde ich dies und jenes. Das meiste davon habe ich nicht gemacht. Das Wichtigste wohl: Schriftstellerin geworden. Und meine Sehnsucht nach Lassie gestillt mit Luna und ihren Nachfolgern.

Hunde machen glücklich, das gilt für mich auch heute noch, doch es gibt zum einen warnende Stimmen, die sogar bei unseren Haustieren von bedrohten Arten sprechen, wenn wir unser Rassekonzept, das in ein Kuscheltierdrama münden wird, nicht überdenken. Und zum anderen werden sie von einer ganz anderen Konkurrenz bedroht. Wer weiß, ob es in einhundert Jahren noch Hunde gibt, wie sie heute alltäglich zum Straßen- und Parkbild gehören. Oder ob es bereits in fünfzig Jahren ganz anders aussieht …

Der wahre Buddha

Ganz gleich, wie beschwerlich das Gestern gewesen sein mag: Du kannst heute von Neuem beginnen.

Wedeln statt Wischen

Da begegnen sich zwei Handyhalter beim Spazierengehen, beide haben ihr Handy an der Leine. Zurzeit sind regenbogenfarbene Perlenleinen aus Peru in. Die beiden Halter sind sehr verantwortungsbewusste Handyführer, passen gut auf, dass sich die Handys nicht zu weit von ihren Körpern entfernen, halten sie stets eng bei Hüfte. Nie verlieren sie den Kontakt, denn es könnte ja mal vibrieren, die Handys könnten Streicheleinheiten brauchen.

An den Stellen, wo früher am See die Hundekotstationen angebracht waren, gibt es nun Schnellladeterminals, damit niemand sich hilflos fühlen muss und die Illusion der Sicherheit im Netz allzeit aufrechterhalten wird. In früheren Zeiten gab es warnende Stimmen, die solche Abhängigkeiten gefährlich nannten. Der Mensch würde entmündigt, infantilisiert und regrediere. Diesen Fortschrittsbremsern hielt man entgegen, dass noch früher andere Bedenkenträger Eisenbahnfahrten als gefährlich bezeichneten, weil der menschliche Organismus angeblich nicht für schnellere Geschwindigkeiten als dreißig Stundenkilometer gebaut wäre.

Immer weniger Zeitzeugen erinnern sich an das zahlreiche Miteinander von Menschen mit Hundys aus Fleisch und Blut. Verzeihung, Hund hieß das damals, aber Hundy hat sich eben eingebürgert, das ist auch einfacher für Kinder zu lernen. Erst Hundy, dann Handy, das ist logisch.

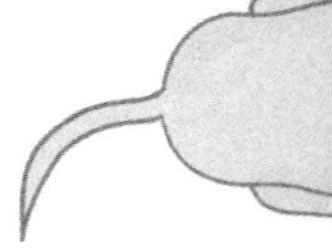

Hundys posteten flüssig wichtige Informationen: *Ich bin hier, ich war hier, das ist mein Revier.* Das genügte. Foodporn kam so gut wie gar nicht vor, weil man von Essen, das man anschaut, nichts hat, und das gleiche gilt für Selfies. Dafür scharrten sie gelegentlich, eine Art Signieren mittels der Schweißdrüsen an ihren Pfoten. Ach, das muss schon toll gewesen sein, wenn man mal so einen echten Hund streicheln konnte. Es soll ja sehr viele gegeben haben.

... Hoppla, was ist denn da vorne? Sag bloß? Tatsächlich ein Hund! Dass ich so was noch erleben darf ...

Man bleibt stehen, man bestaunt das Wundertier und auch die Halterin, beides Oldtimer. Dass es so was noch gibt! Die Halterin freut sich über die Aufmerksamkeit und zählt bereitwillig die Ausstattungsmerkmale auf. Zum Beispiel ein eingebautes Navi mit lebenslangem Akku, das auch nachts den Weg findet. Geliked wird nicht vorne, sondern hinten, und zwar mithilfe der sogenannten Rute. Die Suchmaschine verrichtet ihren Dienst ohne personalisierte Werbung.

Es gibt aber auch Nachteile. Klingeltöne können nicht verändert werden. Zocken und Spielen sind nur in kleinem Umfang möglich. Allgemein ist die Reichweite sehr gering. Nachrichten aus anderen Kontinenten kommen nicht vor, ja, es ist prinzipiell schwierig, den unmittelbaren Umkreis informativ zu verlassen. Wer also wissen will, was in der Welt passiert, ist mit einem Hundy nicht gut beraten. Ferner gibt es unter ihnen keine Energiesparmodelle, ihre Nachhaltigkeitsbilanz ist katastrophal, da sie nicht mit erneuerbaren Energien gespeist werden können.

Aber sie fühlen sich gut an, so lebendig irgendwie, wenngleich das Fell ein bisschen struppiger ist als bei den Robohunden, die jetzt so modern sind. Die brauchen keine Nahrung, müssen nie Gassi gehen, übernehmen im Haushalt niedrige Dienste und sind kostengünstig in der Anschaffung. Die teureren Luxusmodelle sind zudem als Butler einsetzbar, zum Teil jedoch so kompliziert in der Bedienung, dass eine eintägige Schulung angeraten wird. Um mit Oldtimer-Hundys zu kommunizieren, genügte anno dazumal ein fühlendes Herz statt Hertz.

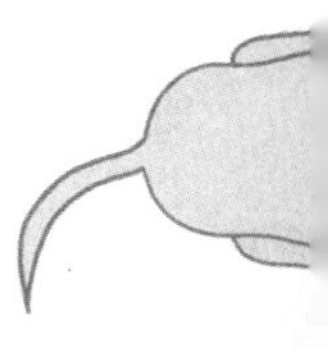

Hundeschule für Menschen

Der wedelnde Buddha

Ein heller Kopf bringt dein Herz zum Leuchten!

Im Vergleich zu manch anderen Hund-Mensch-Teams hing der Haussegen bei Flipper und mir nicht schief, sondern wedelte. Das erfüllte mich mit großer Dankbarkeit, zumal ich mich diesmal nicht auf den neuen Mitbewohner eingestimmt hatte. Er war mir einfach geliefert worden – allerdings von einer Hunde- und Menschenkennerin, der ich vertraute und die meine Lebensumstände kannte, schließlich hatte ich einst in der Nachbarschaft der Vogelrita gewohnt.

Unterwegs auf Hundepromenaden und im Gespräch mit Hundeleuten beobachtete ich häufig POBs zwischen Zwei- und Vierbeinern: problemorientierte Beziehungsgespräche.

»Warum folgst du nicht? Warum kommst du nicht, wenn ich rufe?«, fragten die Zweibeiner.

Und die Vierbeiner hüllten sich in Schweigen, in dem sich für mich materialisierte:

Tatsächlich widmeten immer mehr Menschen ihren Geräten mehr Aufmerksamkeit als ihren Gefährten. Sie waren online mit ihren Handys, aber offline mit ihren »Hundys«, die irgendwann – oft nach langer geduldiger Warterei und in zunehmender Verzweiflung – aufhörten, zu Frauchen und Herrchen zu funken:

Vielleicht drang mal ein SOS durch, dann warfen Herrchen und Frauchen Bälle, als wären sie Wurfmaschinen; mit dem Herzen waren sie offensichtlich nicht dabei, und das spüren Hunde. Sie sendeten und sendeten und sendeten – doch bei Frauchen und Herrchen war besetzt. Die waren in anderen Kanälen unterwegs, wo es wahnsinnig

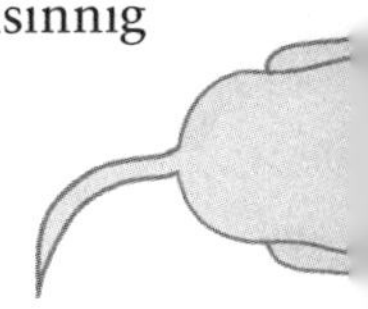

wichtig war, was Fremde speisten und erlebten und wie sie dabei aussahen.

Würde ich nicht im Funkloch wohnen, wer weiß, vielleicht würde ich auch in der Falle des Netzes zappeln. Doch wenn man mit hoch ausgestrecktem Arm minutenlang muskelzitternd im Garten steht, um eine SMS zu senden, bevorzugt man andere Kommunikationswege. Sinnlos auch, ein Handy mitzunehmen, wenn ich Gassi ging. Ich gewöhnte mir an, nur an ortsfesten Geräten zu kommunizieren, vor allem zu arbeiten. Jahrelang wurde ich deswegen bemitleidet und manchmal auch ein bisschen veräppelt. In letzter Zeit mehren sich die Stimmen, die eine solche Wohnlage als privilegiert verorten.

Keinesfalls will ich behaupten, dass jedes Kommunikationsproblem zwischen Zwei- und Vierbeinern dem smarten Phone geschuldet ist. Ein deutlich häufigerer Grund für Probleme zwischen Mensch und Hund liegt in der Verschiedenheit der Charaktere. Oft glauben Hundehalter in spe, es genüge, ihr Herz zu öffnen, und dann würde da schon der richtige Hund reinlaufen. Herz ist wichtig, unbedingt. Aber kluger Verstand ist auch gefragt, wenn man ein langes glückliches Leben miteinander feiern möchte. Deshalb sollte man sich gründlich mit seinen eigenen Vorstellungen auseinandersetzen und auch den Alltag, die Gewohnheiten und Hobbys betrachten und sich dann fragen: Welcher Hund passt seinen Anlagen nach zu diesem Leben? Oft werden Hunde »angeschafft«, weil sie niedlich aussehen oder weil sie dringend einen Platz brauchen. Ohne Frage fühlt es sich gut an, einem Hund aus dem Tierschutz ein Zuhause zu schenken … doch ist es der richtige? Bei aller Liebe hier auch den Kopf einzuschalten, ist meiner Erfahrung nach, so unromantisch es klingt, ein wichtiger Baustein für eine gemeinsame glückliche Zukunft. Ein Herdenschutzhund ist keine gute Wahl für Menschen, die gern Rad fahren oder mit dem Wohnmobil reisen und viel Besuch bekommen. Ein Jagdhund mag einem älteren Herrn, der nicht gut zu Fuß ist, zwar gefallen, doch dem Hund behagt das Rentnerdasein nicht. Ein klarer Geist ebnet den Weg für das Glück von Hund und Mensch.

Am See hatte ich mehrmals eine ziemlich verzweifelte Frau mit einem Border Collie getroffen, der alles machte, was er nicht sollte. Er riss ihr die Leine aus der Hand und brannte durch, er sprang an Leuten hoch, mit Vorliebe, wie mir scheinen mochte, an hell gekleideten, jagte Jogger und Fahrräder, bellte ohne Unterlass, schnappte nach Kindern – der Horror! Die Frau tat mir aufrichtig leid, und ich unterstellte ihr nicht, wie ich es früher vielleicht getan hätte, Unfähigkeit als Hundeführerin. Darunter litt sie selbst schon genug, denn wenn der Hund sich so unerzogen gebärdet, kann es ja bloß am Menschen liegen? Und wenn Frauchen vielleicht schüchtern ist und großen Wert darauf legt, nicht aufzufallen, ist so ein Hund der Super-GAU. Wie bei Hundebegegnungen üblich, hatte ich die Frau nie nach ihrem Namen gefragt, kannte nur den des Hundes, Timmie, und ich selbst war das Flipperfrauchen. Irgendwann einmal fiel mir auf, dass ich das Timmiefrauchen lange nicht gesehen hatte. Vielleicht hatte sie den Rüden abgegeben, was für eine traurige Geschichte.

Monate danach sah ich im Aubachtal von Weitem einen Hund, der Timmie ähnelte. Doch das konnte nicht sein, denn hier gab es Rehe und Hasen zuhauf, und Timmie, der Entfesselungskünstler, hatte sich schon einmal aus seinem Geschirr gewunden, um seiner Passion, der

Jagd, zu frönen. Deshalb durfte er nie frei laufen. Aber er war es! Strahlend begrüßte mich sein Frauchen und schwärmte von einer Hundetrainerin, die wahre Wunder bewirkt hätte. Timmie sah zwar noch immer wie Timmie aus, es war aber nicht mehr der alte Timmie drin. Der vormals nervöse Hund wirkte ruhig und sicher, und im Gegensatz zu früher orientierte er sich stark an seinem Frauchen. Neugierig ließ ich mir den Namen der Hundetrainerin geben, um Flipper und mich einmal auf Herz und Nieren durchchecken zu lassen. Das hatte ich schon seit einer Weile vor, denn als Mensch neige ich dazu, das, was ich glauben möchte, für wahr zu halten. Und als Schriftstellerin schätze ich ein Korrektorat.

Nach einem längeren Telefonat mit Ariane Drumm traf ich die Hundetrainerin zu einem gemeinsamen Spaziergang. Amüsiert merkte ich, dass ich ein klein wenig Prüfungsstress hatte, was sich natürlich auf Flipper übertrug. Bei der Begrüßung zeigte er tatsächlich eine Unsitte, die er sonst nie, nie, niemals an den Tag legte: Er sprang kurz an der Trainerin hoch. Das ging ja schon mal gut los. Ich versuchte, Flipper zu entschuldigen. Eine Übersprunghandlung im Wortsinn?

Ariane Drumm lachte. Das sei ganz normal, Stichwort Stimmungsübertragung. Unterhaltsam erzählte sie mir von einigen neuen Studien aus der Verhaltensforschung. So hatte man in Tests festgestellt, dass die meisten Hunde lieber die Nähe solcher Menschen suchen, die sich ihren Frauchen und Herrchen gegenüber freundlich und vielleicht sogar spendabel erwiesen hatten. Wenn also ein Mensch zu Herrchen oder Frauchen nett ist, bemerkt der Hund das und lässt sich von diesem als freundlich eingestuften Zweibein bereitwillig streicheln. Ist der Mensch zu Frauchen oder Herrchen unfreundlich oder weniger spendabel, meiden die vierbeinigen Angehörigen diesen Menschen. Manche knurren ihn sogar an. Gerade so, als wollten die Hunde sagen:

Solidarisch verlangen sie mehr Respekt. Das fand ich interessant. Ich hatte mich schon manches Mal gefragt, ob meine Hunde über einen Sinn verfügen, mit dem sie wittern, wer mir im Herzen wohlgesinnt ist. Ja manchmal konnte ich am Verhalten meiner Gefährten ablesen, wie nah mir jemand stand.

Flipper hatte Ariane Drumm zweifellos als sympathisch eingestuft, wozu die Lachsleckerlis in ihrer Jackentasche beitrugen. Wir liefen entspannt los, unterhielten uns angeregt, doch die Trainerin behielt Flipper stets im Blick. Natürlich war Timmie ein Thema und ich erfuhr, dass hyperaktive Hunde die Nervosität ihrer Herrchen und Frauchen übernehmen – ein typisches Zeitmangelproblem der Multioptionsgesellschaft. Immer mehr zu tun, immer mehr Möglichkeiten zur Lebensgestaltung – da fiel es vielen vom Alltag überforderten Hundeleuten schwer, sich ihren Hunden wirklich zuzuwenden. Eigentlich sollten die Hunde ihnen dabei helfen, runterzukommen. Stattdessen fühlten sie sich gestresst von den hundlichen Bedürfnissen, die sie zwar erfüllten, aber oft nur halbherzig, weil sie nie richtig bei der Sache waren. Das wiederum würden Hunde sehr genau merken, denn sie waren ja keine Automaten, die gewisse Handgriffe erforderten, sondern Aufmerksamkeit und Anerkennung benötigen, wie auch wir Menschen. In Versuchen mit indischen Straßenhunden hatte man herausgefunden, dass sie, wenngleich halb verhungert, mehr Nähe zu jenen Menschen suchten, die nicht nur Futter verteilten, sondern auch Streicheleinheiten.

Ariane fand an unserem Miteinander nichts zu verbessern. Puh, da war ich aber froh, dass ich mir den wedelnden Haussegen nicht eingebildet hatte! Doch dann wollte ich wohl eine vorbildliche Kundin sein und wenigstens ein Leckerli für die Fachfrau auspacken, ein Problemchen, das ich für gar keines hielt. Ich erzählte Ariane von Flippers Regenscheu. Sie hörte sich meine lustige Schilderung an, dann blieb sie stehen, schaute mich intensiv an und fragte, längst waren wir beim Du:

»Wie findest du es eigentlich, wenn es draußen regnet und du Gassi gehen musst?«

»Äh, ich?«, stammelte ich perplex. »Nun ja, also ich gehe natürlich raus. Ich meine, das weiß man, wenn man mit einem Hund lebt, dass nicht jeden Tag die Sonne scheint.«

»Und wie gefällt es dir draußen bei Regen? Gehst du gern bei Regen raus?«, wiederholte sie.

Diese Frage hatte ich mir tatsächlich noch nie gestellt. Als Hundemensch ging ich bei Regen raus und Punkt. Meine Meinung, ob mir das gefiel oder nicht, zählte nicht.

Es war meine Pflicht. … Aha, darauf wollte Ariane hinaus … Jetzt war ich ein wenig verwirrt. Flipper lief ein paar Meter vor uns, blieb plötzlich stehen, drehte sich zu mir. Einer von vielen Blickwechseln. Oder ein besonderer?

»Wenn ich darüber nachdenke«, gestand ich Ariane, »glaube ich, dass ich Regen nicht ausstehen kann.«

Sie schmunzelte.

»Ich glaube sogar, dass es mir allein, also ohne Hund, niemals in den Sinn käme, bei Regen auch nur einen Schritt vor die Tür zu setzen. Oder bei Wind. Regen und Wind zusammen sind einfach igitt. Aber das spielt natürlich keine Rolle. Für Flipper gehe ich auch im Schneegestöber raus.« Kaum ausgesprochen, begriff ich, was ich da gesagt hatte. Stichwort Stimmungsübertragung. Konnte es sein, dass Flipper bei Sauwetter nur für mich im Haus blieb? Weil er mich davor verschonen wollte, mich aus Pflichterfüllung für ihn zu quälen?

Ariane lächelte. »Probier es aus. Wenn es dir gelingt, deine innere Einstellung zu Regenspaziergängen zu verändern, könnte es durchaus sein, dass das Auswirkungen auf Flipper hat.«

Zwei Wochen lang wartete ich auf Regen. Ich war regelrecht regenhungrig – ein völlig neues Gefühl. Und das nicht nur, um meine Neugier zu stillen, nein auch zum Wohle der Natur. Überall fielen mir nun die trockenen Böden auf. Die Natur dürstete nach Regen! Ich wünschte mir Regen! Und endlich war es so weit.

»Juhu, es regnet«, sagte ich zu Flipper, was untertrieben war. Es regnete nicht, es schüttete, und dazu wehte ein grausiger Nordwind. Ich packte mich in winddichte Klamotten, steckte Leckerlis in die Tasche. Vor dem Haus platschte ich unabsichtlich in eine Pfütze und erin-

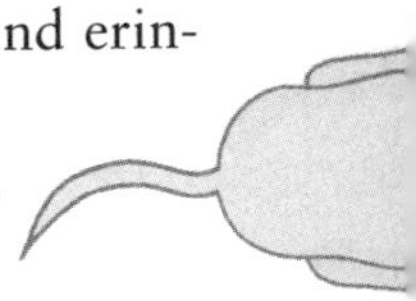

nerte mich, wie viel Spaß es mir als Kind gemacht hatte, in Pfützen zu springen. In die zweite sprang ich mit Absicht. Flipper musterte mich, ich würde meinen: skeptisch.

»Regen ist wie schwimmen, nur andersrum«, rief ich ihm zu, sprang noch mal mitten rein und lief dann los und, oh Wunder, der regenscheue Flipper folgte mir. Und er wedelte nicht nieselnd, sondern prasselnd.

Es wäre übertrieben, zu behaupten, dass ich zum Regenfan geworden bin. Doch Regen gehört dazu. Manchmal scheint die Sonne, manchmal regnet es und windet und stürmt. Alles ist auf seine Weise schön, und im Regen schüttet die Natur ihre Füllhörner aus. So gern ich Sonnenstrahlen fangen würde – es ist nicht möglich. Aber Regentropfen kann ich fangen und manchmal, wenn ich mein Gesicht zum Himmel strecke und die Tropfen mich prickeln, stelle ich mir vor, dass jeder einzelne Tropfen mir ein Dutzend komischer Gedanken aus dem Kopf wäscht. Regen ist herrlich – im Regen war auch Flipper zu mir gekommen.

Der wahre Buddha

Tausende von Kerzen kannst du am Licht einer einzigen Kerze anzünden, ohne dass ihr Licht schwächer wird. Das Glück verblasst nicht, wenn es geteilt wird, es strahlt heller und heller.

Flippers Geheimnis

Nachdem die Vogelrita Flipper in meine Obhut gegeben hatte, wollte ich ihr erzählen, wie es uns beiden miteinander erging, doch telefonisch erreichte ich nur den Anrufbeantworter. Also sprach ich auf Band, wie gut Flipper und ich harmonierten, und lobte seine unglaubliche Anpassungsfähigkeit: Der schmiegt sich in meinen Alltag! In meiner Begeisterung und Liebe zu diesem kleinen Geschöpf merkte ich gar nicht, dass ich auch einiges veränderte, damit er so gut hineinpasste. Rita rief nie zurück, das wunderte mich dann doch. Denn auch wenn sie mit der Versorgung ihrer Tiere viel zu tun hatte, war sie stets zuverlässig.

So packte ich Flipper eines Nachmittags ins Auto und fuhr die fünfundzwanzig Kilometer zur Vogelrita, gewiss auch in der Hoffnung, sie möge mir ein bisschen mehr über Flippers Herkunft erzählen, wenngleich aus ihrem Brief, den sie mir mit Flipper überreicht hatte, hervorging, dass diese im Dunkeln lag. Unterwegs besorgte ich einen großen Blumenstrauß und erzählte Flipper auf der Fahrt, wie dankbar wir seiner Retterin und vermutlich auch meiner sein konnten. Denn es ließ sich nicht von der Hand weisen, dass dieser großherzige Welpe mein ein wenig aus der Mitte gerutschtes Leben mit viel zu viel Arbeit ins Lot wedelte.

Ich wollte Flipper erst noch im Auto lassen, man wusste nie, wer einem auf dem Grundstück der Vogelrita be-

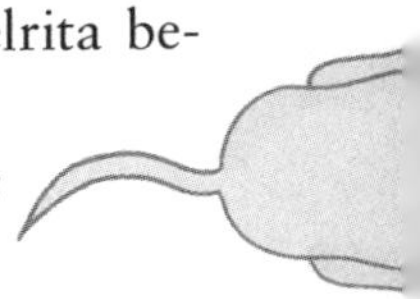

gegnete, es war schon ein Rehkitz und einmal ein Lama zu Gast gewesen. Ohne Vornamen – Lama ist auch die Bezeichnung für einen buddhistischen Lehrer. Lama Flipper?

An der Gartenpforte begegneten mir zwei zirka zehnjährige Mädchen, eins mit Pferdeschwanz, das andere mit Zöpfen. Ich grüßte sie und fragte, ob Frau Rita zu Hause sei.

Sie schauten sich an, dann schauten sie zum Haus, dann schauten sie mich an und schüttelten den Kopf.

Jetzt wurde mir ein bisschen klamm.

»Und wo ist sie?«

Wieder schauten sie sich an, dann sagten die Zöpfe: »Im Krankenhaus.« Der Pferdeschwanz erzählte: »Alle Tiere hätten weggemusst. Aber das wollten wir nicht. Wir wissen doch, wie es geht. Das hat uns die Vogelrita alles genau gezeigt.«

»Und da haben wir unsere Erzieherin im Waldkindergarten gefragt«, übernahmen die Zöpfe. »Und die ist zur Gemeinde gegangen, und es war alles total kompliziert, typisch Erwachsene, aber dann ist sogar der Bürgermeister gekommen.«

»Seitdem findet meine Mama den ganz okay«, warf der Pferdeschwanz ein.

»Und jetzt haben wir einen Plan gemacht, wer sich wann kümmert, aber es müssen auch jeden Tag Erwachsene kommen. Zur Kontrolle.«

»Obwohl wir die nicht brauchen. Wir sind nämlich viele, und jeder weiß irgendwas. Die Großen kennen sich nicht so gut aus wie wir.«

»Wir haben zweiundzwanzig Vögel, auch viele ganz kleine, einer hat sogar einen gebrochenen Flügel.«

»Und drei Katzen.«

»Die sind aber schon sehr alt.«

»Und zwei Igel und …«

Die Aufzählung würde vermutlich noch eine Weile weitergehen, aber ich konnte nicht abwarten, so stark klopfte mein Herz.

»Wie geht es Rita? Was hat sie? Wann kommt sie wieder?«, unterbrach ich die Mädchen.

»Es sieht leider nicht gut aus«, erklang da eine Stimme hinter mir. Eine zirka fünfzigjährige Frau begrüßte mich und die Mädchen, holte dann einen Zettel aus der Tasche und sagte zu ihnen: »Morgen?«

»Ja um drei.«

»Das macht ihr ganz toll!«

Die beiden verzogen die Gesichter, als wäre das doch logisch und bedürfte keines Kommentars.

Frau Wolfram aus dem Waldkindergarten kannte mich vom Gassigehen mit seinerzeit Luna.

»Sie haben doch mal hier gewohnt?«

»Ja. Ist aber schon ziemlich lange her. Ich bin da, weil die Vogelrita mir vor knapp zwei Wochen einen Hund gebracht hat. Ich habe ihn im Auto.« Ich wedelte mit dem Blumenstrauß. »Ich wollte sie besuchen.«

»Das ist leider gerade nicht möglich. Sie liegt auf der Intensivstation.«

»Nein!«, rief ich erschrocken. »Was ist passiert?«

»Eigentlich nur ein Routineeingriff – Gallensteine. Sie hat sich lang gewehrt gegen die Operation, doch mit den Schmerzen ist es ihr zunehmend schwergefallen, ihre Tiere zu versorgen. Bei der Narkose ist irgendetwas schiefgegangen. Eine Allergie war nicht bekannt, sie ist noch nie operiert worden.«

»Und ich habe mich noch gewundert, warum sie plötzlich vor meiner Tür steht mit einem Welpen«, dachte ich

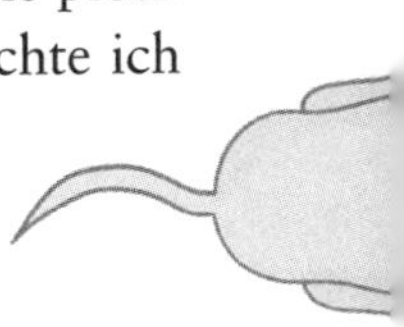

laut. »Da wusste sie wohl schon, dass sie ins Krankenhaus muss. Kein Wort hat sie zu mir gesagt! Wie geht es ihr denn jetzt? Wann kommt sie nach Hause?«

Frau Wolfram zuckte mit den Schultern. »Wenn man nicht verwandt ist, erhält man keine Auskunft. Aber es wird schon werden. Unsere Vogelrita ist doch eine Kämpferin!«

»Ja, das ist sie«, sagte ich bedrückt.

»Um Ihren Welpen gab es hier übrigens ein ziemliches Gerangel«, brachte Frau Wolfram mich auf andere Gedanken.

»Sie kennen ihn?«, fragte ich verblüfft.

Frau Wolfram wendete sich ein wenig ab von den beiden Mädchen, die mit der verwickelten Halskette der Zöpfe beschäftigt waren, und sagte mit gedämpfter Stimme: »Die Kinder haben ihn am See gefunden. Er war klatschnass. Alle wollten ihn natürlich behalten. Wir haben ihn schließlich zur Vogelrita gebracht und dann auch Zettel aufgehängt, eher wegen der Kinder.« Sie räusperte sich »Wir wollten sie vor der eventuellen Wahrheit verschonen.«

Mir wurde übel, und ich wollte gar nicht mehr hören. Aber mehr wusste Frau Wolfram auch nicht. Sie fuhr fort »Wenig überraschend hat sich keiner gemeldet. Aber es gab sofort ein paar Leute, die den Kleinen gern zu sich genommen hätten. Doch Frau Rita hat von Anfang an gesagt, sie wüsste genau, zu wem dieser Hund müsse. Sie wollte ihn noch ein bisschen aufpäppeln und dann an den neuen Platz bringen. Ehrlich, ein paar Kinder waren deswegen richtig sauer. Aber sie hat es ihnen gut erklärt.«

»Wie denn?«, fragte ich mit belegter Stimme.

»Sie hat gesagt, dass es für jeden Menschen einen Seelengefährten gibt und dass Hunde das wissen. Sie hat gesagt, dass der Kleine sehr traurig wäre, wenn er nicht zu seinem Menschen dürfte. Denn das sei seine Aufgabe.«

Ich schluckte. »Das hat sie gesagt?«

Frau Wolfram nickte.

Der Pferdeschwanz mischte sich ein: »Meine Mama hat gesagt, dass die Vogelrita spinnt, weil so ein kleiner Hund es gar nicht merkt, wo er wohnt. Aber meine Oma hat gemeint, dass so was schon sein kann.« Das Mädchen kniff die Augen leicht zusammen, sah kurioserweise selbst aus wie eine ältere Dame, und sagte bedächtig. »Weil nämlich zwischen Himmel und Erde mehr Dinge geschehen, als wir Menschen ahnen.«

Der Pferdeschwanz hatte Sommersprossen auf der Nase. Wie ich früher. Meine Oma hatte mir Gurkenschalen gegeben, wenn ich die auf die Nase legte, würden die Sommersprossen verschwinden. Heute hatte ich keine einzige mehr. Omas haben recht.

»Das hast du sehr schön gesagt, Isabella«, lobte Frau Wolfram.

»Und man weiß also wirklich absolut nichts über die Herkunft des Welpen?«, erkundigte ich mich noch einmal.

»Nein. Die Vogelrita hat gesagt …«, Frau Wolfram dachte nach …, »ja, genau.« Sie lächelte. »Er ist ein unbeschriebenes Blatt.«

Und ich bin diejenige, die Blätter beschreibt, dachte ich.

»Oh bitte, haben Sie den Hund im Auto? Ich war dabei, als wir ihn gefunden haben!«, rief der Pferdeschwanz.

»Ich war fast auch dabei«, meldeten sich die Zöpfe.

»Ja, klar, gern«, sagte ich und holte Flipper, der seine Freiheit nur kurz genießen konnte, da waren schon vier

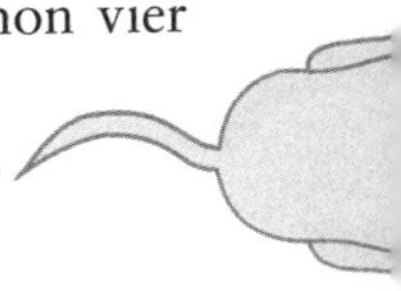

Kinderhände, die ihn streichelten und knuddelten. Gutmütig ließ er es sich gefallen, rollte sich auf dem Rücken hin und her, sprang dann auf und schnupperte höchst interessiert an Vogelritas Gartenzaun entlang. Und dann war er weg – durch eine Lücke im Zaun geschlüpft – und lief aufs Haus zu.

»Wir müssen heim«, verabschiedeten sich die Mädchen. Mit einer Hand winkte ich ihnen zu, mit der anderen öffnete ich die Gartenpforte und ging über die nur noch zum Teil sichtbaren Terrakottaplatten im Gras zur Haustür, wo eine flaumige Rute wedelte. Dann war sie verschwunden.

»Flipper?«, fragte ich beim Näherkommen. Und da entdeckte ich ihn. Konnte das Zufall sein? Oder folgte er einer inneren Fährte? Das unbeschriebene Blatt lag in Ritas ausgelatschten blassrosaroten Gartenschuhen, die sie seit Jahren trug und zwischendurch immer mal wieder in die Spülmaschine steckte, wo sie immer größer geworden waren und mittlerweile sogar als Unterschlupf für einen Welpen dienten.

Er wedelte ein wenig und schaute mich an mit schräg geneigtem Kopf. »Du bist kein unbeschriebenes Blatt«, sagte ich zu ihm. »Und ich auch nicht. Ab jetzt schreiben wir unsere Geschichte gemeinsam weiter. Das kennen wir doch schon, oder?«

Flipper hüllte sich in Schweigen, wie man es von einem Dog gewöhnt ist. Manche Fährte zum Glück kann man auch rückwärts lesen …

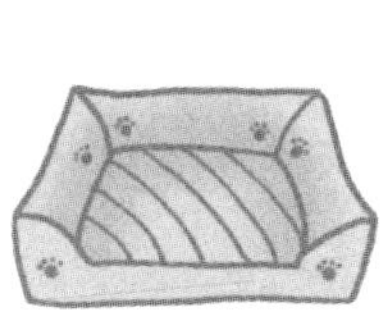